日々のものさし 100

後藤由紀子

私をつくる、100のことを集めました

《こと》
自分らしく生きるために、大切にしていること

《もの》
食、雑貨、ファッション、からだ……
暮らしを支える愛用品

《ひと》
素敵に歳を重ねている、
大好きな人

もくじ

はじめに …………………………………… 6

- 笑う門には福来たる ………………… 8
- 家事は半分 …………………………… 10
- 話すより、聞きたい ………………… 12
- 歳を重ねるのも悪くない …………… 13
- じつはネガティブです ……………… 14
- 落ち込んだときの、ときめきアイテム … 15
- 人づきあいは、狭く深く …………… 16
- オフィシャルなA面、ギャップのB面 … 18
- 自己アピールが苦手 ………………… 19
- たまとイチャイチャタイム ………… 20
- 息抜きを多めに ……………………… 21
- 食卓に変化が出る、オーバルプレート … 22
- 何度も食べたくなるブルーベリージャム … 24
- 市販の調味料はマンネリ解消の救世主 … 25
- 料理のグレードが上がるオリーブオイル … 26
- 毎年楽しみにしている自家製らっきょう … 27
- いつもお世話になっている、だしパック … 28
- 魚が大好き …………………………… 31
- 朝はあるもので味噌汁 ……………… 32
- 免疫力アップにねぎ ………………… 33
- 体のために、タンパク質とカルシウムを … 34
- 我が家のインフルエンザ対策 ……… 35
- せっかく精神 ………………………… 36
- ご縁を大切に ………………………… 36
- 流行は友だちから …………………… 36
- 30分前行動を心がける ……………… 37
- 餅は餅屋 ……………………………… 37
- 家族との時間が大事 ………………… 37
- 年末は人に会いたい ………………… 37
- 《あの人のものさし》
  フードスタイリスト 高橋みどりさん ……… 38

- せっかくだから、おいしいコーヒーを飲みたい ……………………………………… 42
- 紅茶はケチらず、たっぷり使いたい … 44
- 沼津土産におすすめしたいお茶 …… 45
- 次に向かうための小休止 …………… 46
- 夫婦喧嘩の落としどころ …………… 47
- 使えば使うほど、良さがわかる急須 … 48
- 菊皿に盛りつければ、見栄えが良くなる … 50
- 彩りが足りないときは赤い汁椀でカバー … 51
- 明るい色のコースターは気分が上がる … 52
- 家族4人分の器を運ぶ、ベストなお盆 … 53
- 配る習性があります ………………… 54
- 《あの人のものさし》
  手相観 日笠雅水さん ………………… 56
- 《あの人のものさし》
  料理家 オカズデザインさん ………… 60
- 《あの人のものさし》
  建築家 井田耕市さん ………………… 61
- 店を出すからには流行にのらない … 62
- 一人暮らしの息子に持たせた丼 …… 66
- 普段づかいできる漆のプレート …… 67
- うすはりグラスで飲めば、
  なんでもおいしい …………………… 68
- 枡重は気が利いているアイテムです … 69
- 興味の力は距離を超える …………… 70
- 地方巡業はじめました ……………… 71
- ものづくりの背景を知りたい ……… 72
- 泣き虫 ………………………………… 73
- 粋な人と、無粋な人 ………………… 74
- 富士山が見える ……………………… 76
- 夕日がきれい ………………………… 76

● こと　　● もの　　● ひと

● 近所の猫に会える …………… 76

● 風が気持ちいい ……………… 76

● 子どもがかわいい …………… 76

● 桜が大好き …………………… 76

● ぬか漬けをかき混ぜる ……… 76

●●《あの人のものさし》Roundabout ／
OUTBOUND店主 小林和人さん …… 77

●●《あの人のものさし》
イラストレーター 上田三根子さん … 78

●●《あの人のものさし》
アロマセラピスト 生駒雅美さん … 79

● ハンカチ代わりに手ぬぐいを持つ … 80

● 使い勝手がいい、
晴雨兼用の折りたたみ傘 ……… 81

● このピアス、ほぼ毎日つけています … 82

● ご縁で出会ったビーズアクセサリー … 83

● 抜群に使いやすい長財布 …… 84

● 飾りたくなるカレンダー …… 85

● 足になじむ、疲れない靴 …… 86

● 背のびをせず、自分に正直に … 88

● 好きな色はグレー …………… 89

●●《あの人のものさし》
PEEL&LIFTデザイナー 細谷武司さん … 90

●●《あの人のものさし》
ソウルバー店主 宮前伸夫さん … 91

●●《あの人のものさし》
ギタリスト、ヴォーカリスト 山下洋さん … 92

●●《あの人のものさし》
ミュージシャン YO-KINGさん … 93

● 重さも厚みもほどよいカトラリー … 94

● 大人だから、良いカシミヤを … 95

● 布合わせのセンスが光るポーチ … 96

● メキシコのかごバッグは、軽くて丈夫 … 97

● コンプレックスの塊 ………… 98

● SOSに気づける人に ……… 99

● 外食は定食派 ………………… 100

● 暦をチェック ………………… 101

●●《あの人のものさし》ヘア＆メイクアップアー
ティスト 中野明海さん ……… 102

● 良いパジャマで、質のいい睡眠を … 106

● 心がほぐれる、
オーガニックコットンのタオル … 108

● 一家に1本、便利な電解水 … 109

● 更年期障害のこと …………… 110

● 女磨きがしたい ……………… 111

● 化粧水が浸透するフェイシャルオイル … 112

● 娘の20歳の誕生日に発売した、
石鹸とバスソルト …………… 113

●●《あの人のものさし》グラフィックデザイナー
サイトヲヒデユキさん ……… 114

● 神社仏閣が好き ……………… 118

● 育児は手荒いほうです ……… 119

● 子どもたちに伝えたいこと … 120

● 人生は勝ち負けじゃない …… 122

● いつ人生が終わっても良いと
思って生きる ………………… 124

● フリーの家政婦になりたい … 125

おわりに ………………………… 126

本書に掲載されている商品のデータは、2019年7月時点のもの
です。商品名、価格等は変動することがありますのでご了承くだ
さい。halで取り扱いがある商品のみ税抜き価格を掲載しています
（p.54を除く）。

5

はじめに

洋服でも雑貨でも食品でも、自分の中で適正価格があります。限られた予算でやりくりする主婦なので、高級品は身の丈に合わない。hal で扱っている商品も、普段の生活で使うものも、ブランドマークだけで選ぶことはありません。機能が良い、デザインが優れている、長く使えるなど、内容と見合った金額がついているかどうかが、私のもの選びの基準です。おいしいものやファッションは、素敵な人から教わることも多く、その存在は財産だなと思います。

仕事や暮らしに関しては、身を守るためにも、スタミナやキャパを超えることはしません。家に帰って疲れた顔でご飯を作るのは嫌だから、hal は 16 時閉店。営業時間が短いと驚かれてしまいますが、何を優先するか決めたら意外と流されないタイプなんです。息子が就職で家を出て、今は夫と娘の 3 人暮らし。娘と夕飯を食べるのも時間差になってきました。だからこそ、今まで家族全員で食卓を囲むことを大事にしてきて良かったなと思います。時が経たないとわからないこともあるけれど、「これでいいのかな?」と思っていたことが、「これでいいんだ」と、どこかで思える日が来るとうれしいですよね。もの選びの基準も、人生で大切にしていることも、人それぞれ。みんな自分の「ものさし」を持っているんだと思います。

01

笑う門には福来たる

「好きな言葉は？」と聞かれたら、真っ先に思い浮かぶのが、この言葉。私の人生のモットーです。家にいるときは無表情のときもあるけれど、仕事がお客さま相手の接客業だということもあり、外に出たら笑っていることが多い気がします。喫茶店などに入るときも、お店の人に「こんにちは」と挨拶しながらニコッと笑っているみたい。無意識でしたが、友人に言われて気がつきました。もちろん毎日楽しいことばかりではなく、くよくよしたり、顔で笑って心で泣いて、という日もありますよ。でも職業柄、暮らしの中に笑うことが組み込まれているおかげで、救われているのかもしれません。

歳を重ねると、人柄が顔にあらわれてくると思うんです。いつも朗らかな人は、笑っていなくても笑っているような顔に。いつも怒っている人は険しい顔に。大好きな歌舞伎役者の方が亡くなったとき、お別れの会に行ったのですが、その人の笑顔しか思い出せなかった。私も亡くなったあと、誰かに思い出してもらうときの顔が笑顔だったらいいなと思いました。亡くなるまでいかなくても、自分がいない場所で話題にのぼるとき、話している人たちが思い浮かべているのが、笑っている顔だったらうれしい。それは今日、明日で急にできることではなく、5年、10年と日々の積み重ねで築かれていくものだから、できるだけ、いつも笑っていたいなと思うのです。

02

家事は半分

　子どもが育った今、忙しくなると体調を崩しやすく、点滴をすることも。熱中症で搬送されたり、過呼吸になったり、年齢を重ねるごとに、だんだん無理が利かなくなりました。でも、私が具合が悪くて動けなくても、家族は各自で外食したりしていて意外と大丈夫なことがわかり、どうにでもなるんだと思ったら気がラクになりました。体力がないので家事も頑張れず、昔マメにやってきたことが全然できない。今は半分できれば、よしとしています。

　若い頃は、家のことをちゃんとしなくてはと思っていたけれど、最近は、手は抜けるだけ抜きたい。アイロンがけは溜まるまでやらないし、疲れていたら、ご飯もサボります。

洗いものは夫の担当で、ときどき洗濯物も干してくれます。洗濯物はたむのが面倒だから、干したハンガーのままクローゼットに戻しています。床は毎日掃除機をかけていたけれど、ロボット掃除機を買ったらものすごくラク。シーツや布団カバーの洗濯も以前は週に1回だったのが頻度が減り、大掃除は窓ふきだけに省略。家事代行サービスにも興味があり、お風呂掃除なんてプロに頼みたいくらいです。体調が良いときはいいけれど、ガクンと調子が落ちたときに、人に頼める勇気と、開き直りって大事だなと思います。文明の力にはどんどん頼り、便利なものは上手に使えるようになりたいです……という願望。

03

話すより、聞きたい

インタビューを受けるときなどは自分のことを話すけれど、halでお客さんと話すときや、友だちとのご飯会では、だいたい聞き役です。質問には答えるし、自分のことを喋らないわけではないんですが、私が話すよりも、「それで、それで？」って質問している方が好き。人の話を聞く方が向いている気がするし、居心地がいいんです。

私にはコレという取り柄がなく、なんでも7分目の人間だから、1つのことを突き詰める人に憧れがあります。作家さんには、なぜそれを生業にしようと思ったのかを聞いたり、周りにいるオタクの友人には「何がそうさせるの？」と聞いたり……。何かを極めている人はネタが豊富で、話が面白いのです。会話中に気をつけているのは、途中で割り込んで話の腰を折らないようにすること。最後までちゃんと聞いてから、自分の見解を話すようにしています。

04

近所のメガネ屋さんで作った老眼鏡と、岡本太郎のメガネ拭き。

歳を重ねるのも悪くない

昨年、50歳になりました。40代半ば頃から老眼がはじまり、更年期障害があったりと体の変化を感じています。でも歳をとることは嫌ではなく、むしろ楽しみでしかありません。そんなふうに思えるのは、周りにキラキラした素敵な先輩がいっぱいいるおかげ。私も皆さんみたいに楽しんでいけたらなと思います。育児中は行動範囲も時間も制約があったからこそ、自由に動ける今が楽しい。これからようやく羽がのばせると思うとうれしくて仕方ありません。

長く生きていると、思いもよらない出来事があります。出店した地元のローカルマーケットで、部活の先輩に35年ぶりに再会したり、昔一緒に遊んでいた人からフェイスブックを急にフォローされて会うことになったり。何十年経っても、めぐりめぐって会える人には、また会えるものです。こういう体験も歳を重ねる面白さですね。

05

じつはネガティブです

　ポジティブかネガティブかで言えば、私はネガティブな人間です。マイナス思考で、悩みが多く、落ち込みやすい。思考回路が暗いから、考えれば考えるほど、どんどん気が沈んできちゃうし、人から言われたことをすぐに気にしてしまいます。自己肯定力が高い友だちは、自分のことが大好きで自信がある。私はそんなふうになかなかなれないので、すごいなと思います。

　かといって、褒めちぎられてもゾワゾワしてしまうのです。「私なんて全然」って思っているのが前提だから、祭り上げられても真に受けることができません。水面下では何が起きているかわからないし、「私は幸せです」とは、おこがましくて口が裂けても言えません。この歳になって、根が明るい人の方が更年期障害に強いことがわかりました。なんでも「ま、いっか」と考えることができる、明るい人がうらやましいです。

06

落ち込んだときの、ときめきアイテム

　暗い性格だから、自分の気持ちを上げるためのチャージの仕方もよくわかっています。ストレスが病気を呼ぶと思うので、発散方法を見つけたもの勝ち。喫茶店に行ってお茶を飲んだり、おいしいご飯を食べに行ったりするだけでも心が晴れるし、お花をちょっと買って飾るだけでも癒される。旅行をする、ブランドもののバッグを買うなど、人によって発散方法は違うと思うけれど、私はわりとすぐに気分が上がるので、安上がりな女で良かったです（笑）。

　スポーツでもアイドルでも、なんでもいいから夢中になれるものがある人って強いと思います。今、私に一番ときめきを与えてくれるのは、ある日本のバンド。6年ほど前からファンになって未だに熱が冷めません。CDを聴いたり、DVDや動画を見るだけで元気になれるし、ライブに行くと、「これでまた、しばらく頑張れるな」と思います。

15

07
人づきあいは、狭く深く

高校まではクラスや部活など、グループの中でうまくやらなくてはと、頑張って周りに合わせていたところがあって、少し息苦しさを感じていました。だから東京に住むようになってからは、水を得た魚。東京には、おしゃれな人、面白い人、おっとりした人、せっかちな人と、いろんなタイプの人が共存していて居心地が良かったのです。それぞれに好きな分野があって、本音で話をできる人たちに出会え、そのままの自分で居ていいんだとラクになれました。

　会えば挨拶をするくらいの知り合いはいても、友だちと呼べる人はそんなに多くありません。一番長い付き合いなのは、毎月地元で会っている小中の同級生。クラスが同じだったわけではなく、たまたま集まった7〜8人のグループです。タイプはバラバラですが、親も兄弟も知っていて、まるで親戚のよう。ともに歳を重ね、最近は健康や親の介護の話題も多くなってきました。くだらないことで笑えて、一緒にいて安心感しかありません。広く浅くより、狭く深く。限られた時間の中で好きじゃない人と会っている暇はないと思うのです。だからこそ、一人一人とじっくり付き合いたいと思います。自分に正直に。人におべっかは使わない。なかなか思っていないことが言えない不器用な女です（笑）。口が悪い人の方が信用できるかも。オブラートに包まず、腹を割って話せる人と一緒にいるのが気楽なのです。

オフィシャルなA面、ギャップのB面

　誰でもA面とB面を持ち合わせていると思います。仕事などオフィシャルで見せているパブリックイメージがA面で、意外な顔やギャップがB面。活躍しているDJが熱狂的な高校野球マニアで、毎年夏になるとSNSで野球情報を配信していたり、ミュージシャンでありポール・ウェラーマニアの友人が、実は昭和30年代のドラマのロケ地に詳しかったり。私が意外に思われることが多いのは、音楽の趣味が男っぽいこと。パンクのイベントにも普段と同じ格好で行っているから、友人からハードコアオリーブと言われています（笑）。

　同じ人物でも、人によって見えている面が違うから面白いなと思います。オフィシャルがどんなにきちんとした素晴らしい人でも、アホな一面や、ダメダメなところが少しでも垣間見えた瞬間はうれしくて、その人のことが愛おしくなってしまいます。

09

自己アピールが苦手

　小さい頃から目立たない存在。学生時代も、東京で働いているときも、目立つグループの中になぜか入っている大人しい子というポジションでした。自己主張は強くないし、私が光を浴びるよりは目立つ人の陰に隠れて近くにいるくらいがちょうどいい。そんな私が、今こうして本を出したりしていること、周りもびっくりしています。

　自分を売り込むタイプじゃないので、取材の依頼が来ても「私よりいい人いますよ」って紹介しちゃうこともあります。負けん気の強い人から攻撃されても意見を戦わせることなく、流してしまうから、相手は拍子抜けしているかも。でも、何か考えがあって言葉を飲み込んでいるわけではなく、だいたいのことが何でも良かったりするんです。自己アピールが苦手なのは課題ですが、私の性分ですからね。無理せず、マイペースでやっていこうと思います。

19

10

たまとイチャイチャタイム

　知り合いのカフェが里親を探していて、最後に残っていた猫がたまでした。「見に来ない?」と言われて行ったら、私の腕の中で寝てしまい、そのまま家に連れて帰ることに。それから16年が経ちます。親バカになれない私は「うちの子かわいくて」と人に言わないタイプの母親だったけれど、たまのことだったら躊躇なく言えちゃいます。写真を撮っても、かわいくてしょうがない。子が育った今、私の母性本能は全部たまに注がれていると言ってもいいくらい。

　猫も性格によって飼い主に寄り付かないこともあるようですが、たまは甘えん坊。帰ってくると玄関で三つ指ついて待っています。座っていると膝に乗ってきたり、尻尾だけ触れていたり、私の足の上に手をちょこんとのせて寝ていたり、くっついていたいみたい。こねくりまわしても、何をしても嫌がらない。毎日イチャイチャしています。

息抜きを多めに

　ストレスを溜めないためにも、息抜きばかりしています。息抜きがメインで合間に仕事、くらいの気持ちです。手軽にできる息抜きが、バスに乗ること。東京に行ったら移動するときに、わざとバスを使うようにしています。駅前のごみごみした場所を避けられるし、電車とは違う知らない景色に出会えるから、窓の外を眺めているだけでリフレッシュできるんです。地域のミニバスもよく利用します。安いし、小回りがきくから住宅街の中を通ったりして楽しい。

　映画好きというほど詳しくはないけれど、映画も定期的に観ています。観に行く日は、決まって料金が安くなるレディースデーと、映画館のメンバーズデーです。halの閉店後に地元の映画館に行ったり、東京で空き時間ができたときに、ふらっと観に行くことも。頭を空っぽにして物語に集中している時間が、いい気分転換になっています。

12

食卓に変化が出る、オーバルプレート

● イイホシユミコさんの器

　イイホシユミコさんは、「手づくりとプロダクトの境界にあるもの」をコンセプトに器を作っている磁器作家。朝食、お茶の時間、夕食と1日のさまざまなシーンで必要な器を考えた「unjour（アンジュール）」シリーズ、旅に持っていく器をイメージした「bon voyage（ボンヴォヤージュ）」シリーズなどが有名です。halでも長く取り扱わせていただいています。我が家は黒や粉引の器が多いので、彩度がないダークな世界の中に、イイホシさんのスモーキーなブルーの器が入ると表情が出るんです。電子レンジや食器洗浄機も使うことができるから、今の暮らしに合っていると思います。

　オーバルプレートは、和洋中なんでも合うオールマイティな器です。平皿と違って、ちょっと深さがあるから浅鉢のように使えます。煮浸しなどの汁気のあるおかずも受け止めてくれるし、グリーンサラダも見栄え良く盛りつけられます。小ぶりなSサイズは、野菜やベーコンを入れて小さくオムレツを作るとかわいいです。色は白、ベージュ、グレーの3色。お茶碗やお椀、湯のみと円形の器が多くなりがちな食卓に、オーバルを入れることで変化を出しています。

「オーバルプレートS」各2000円。リリーホワイト、ムーングレイ、ミストベージュ。サイズはM、Lもあります。

13

「ブルーベリージャム」800円。12〜2月は金柑ジャムを作っています。

何度も食べたくなる
ブルーベリージャム

● M'sキッチンのブルーベリージャム

　福岡でジャムや甘露煮を作っているM'sキッチンの北川道子さんは、ほわーんとした感じのかわいらしい方。東京・吉祥寺で「ギャラリーfève」を営む引田かおりさんのお姉さまです。fèveではじめて、このブルーベリージャムを買って食べたとき、あまりのおいしさにびっくり。その後、通販で10瓶取り寄せ、7瓶は周りに配布して勝手に宣伝活動というのを3回くり返したら、引田さんから「そんなに気に入ってくれたなら、取り扱いしませんか？」とありがたい言葉をいただき、お取引がはじまりました。材料はブルーベリー、グラニュー糖、レモンのみ。大粒の実がゴロゴロ入っているのに皮が残らず、すっきりした甘さです。家ではヨーグルトにかけたり、パンに塗ったりして食べています。私にとってのキングオブブルーベリージャムです。

14

「納豆辣油」1200円(季節限定商品)。
かけるだけで冷奴がグレードアップ。

市販の調味料は
マンネリ解消の救世主

●ふじわらのおいしいびん詰め

　街歩きの連載をしているときに、行く先々で見かける瓶詰めがありました。気になって聞くと、藤原奈緒さんが営む食堂「あたらしい日常料理 ふじわら」のものだとのこと。1瓶買ってみたら、加えるだけで味が決まり、いつもの食材がおしゃれな一品になりました。友人とお店に食べに行くと、メニューに瓶詰めが使われ、はっとするような意外な素材の組み合わせに魅了されました。味の調合は全部プロがやってくれ、お店の味が家で食べられるなんて夢のよう。「パクチーレモンオイル」、「カレーのもと」など、halでも販売させてもらっています。

　お店は東京・東小金井駅の高架下で、靴屋さんや革工房などの作り手が集まる「アトリエテンポ」の一角にあります。私は一人でお店をやっているので、和気あいあいとした繋がりに憧れます。

15

「L&KO エクストラバージンオリーブオイル」2100円。

料理のグレードが上がるオリーブオイル

●関口ベーカリーのオリーブオイル

　関口ベーカリーは、東京・目黒区にあるパン屋さん。ある日、お店に行ったら「輸入することになりました」とオリーブオイルが置いてありました。ギリシャのレスボス島で農薬を使わずに育ったオリーブを手作業で摘み、ロバで運んで6時間以内に搾ったものだそう。試飲したらおいしくて、1本購入。容量も多めで使い勝手が良かったので、リピートするように。オリーブオイルは自分の中で選ぶ基準がなく、どこのものと決めていませんでした。これに落ち着いてからは、体にも良いから積極的に摂っています。

　食べる直前にかけると香りが良く、蒸し野菜やパスタにかけたりしています。このオイルで作るフレンチドレッシングも絶品。オリーブオイルのおいしさに目覚め、これからは洋風料理を上手に作れるようになりたいと思っています。

16

「たまちゃん印　らっきょ（大瓶）」
5200円（値段は年により変動あり）。

毎年楽しみにしている
自家製らっきょう

●たくまたまえさんのらっきょう

　たまちゃんこと、たくまたまえさんは、カメラマンの旦那さんに毎日お弁当を作っています。たまちゃんのお弁当は、ザ・普通のおかずなんだけど、おしゃれで小技がきいているのです。前からブログやインスタグラムをチェックしていて、お弁当の大ファンでした。

　たまちゃんは季節の保存食を作るのがライフワークで、ご飯会で「これも食べる？」って、すっと自家製のものを出してくれるのが素敵なんです。halでも紅しょうがや赤紫蘇のふりかけといった自家製の保存食を販売しています。特に、らっきょうは毎年届くのが楽しみ。血液サラサラになるし、疲労回復にも良いから夏バテの予防にも。たまちゃんの料理教室で教えてもらった、豚しゃぶ肉でらっきょうを巻き、衣をつけて揚げたフライはおいしくて忘れられない味です。

27

17

上から、「やきつべのだし 鰹 枯節」、「やきつべのだし 鰹 荒節」各810円(10個入り)。

いつも
お世話になっている、
だしパック

●やいづ善八のだしパック

　私の料理に、だしパックは欠かせません。そのときどきで安いものを買っていたけれど、メーカーによって濃度や塩分が違うので、味にバラつきが出るのが気になっていました。やいづ善八のだしパックに出会ってからは、"だしパックジプシー"からようやく卒業。とにかくおいしくて香りが良い。味噌を目分量で入れても、味噌汁が許容範囲内の味に落ち着くようになったのは、このだしパックのおかげです。
　やいづ善八は、明治初年創業の静岡・焼津にあるだしメーカー「マルハチ村松」が、2017年に立ち上げた新ブランド。やいづ善八のPRの仕事をしている友人を通じてご縁ができ、halでお取引させてもらうことになりました。うま味が強くて燻した香りのする荒節と、上品なうま味で香りがやわらかい枯節の2種があり、私は味噌汁や煮物は荒節、おすましは枯節と料理によって使い分けています。軽くて賞味期限が長いから、ちょっとした贈り物にもおすすめです。だしパックの他に、だし醤油や白だし、ふりかけもあり、halではフルラインナップ取りそろえています。地元ということもあり、1票投じるような気持ちで応援しています。

オーガニックよりも医食同源

有機野菜やオーガニック食品は体に良いものだと思うけれど、
毎日、食べるものとなると、経済的にも負担が大きくなります。
私はいろんな野菜をたくさん食べたいから、安い方が気兼ねなく使える。
普段の食材は、近所の産直で新鮮なものを買っています。
いつも食べているものが丈夫な体を作ると思うから、日々の食事は大切。
健康に過ごすためにも、日頃からバランスよく食べるようにしています。

18

魚が大好き

家でも外でも魚をよく食べます。とくに、さばやいわし、あじなどの青魚が好物。海のそばに住んでいるから、新鮮でおいしい魚が安く手に入ります。焼き魚は我が家の定番メニューです。魚はあじ、さけ、たちうお、ししゃもなど、そのときの旬のものを。肉のおかずは味つけや素材の組み合わせを考えなくてはいけないけれど、魚は焼くだけでおかずになるのが良いところ。塩をふるくらいで味つけは不要。焼いたあとに、しょうゆをかけたり、大根おろしを添えたり、どうとでもできる。メインとして、こんなにラクなものはありません。

魚はフライパンで焼いています。この日はあじの開き。皮に香ばしい焼き目をつけて。

小松菜、まいたけ、油揚げの味噌汁。きのこは食物繊維が摂れるので、よく入れます。

19 朝はあるもので味噌汁

朝は味噌汁を作ります。具材は大根、小松菜、豆腐、玉ねぎ、長ねぎなど……冷蔵庫にあるものを2～3種。きのこや油揚げを入れると、だしが出ておいしいです。朝からだしを取るのは面倒だから、だしパックを使って手軽に。火の通りにくい根菜類は、前の日の夜に鍋で煮て取っておくと、さっと加えられて煮る時間を短縮できます。すぐに火が通る葉ものは直前に加え、味噌を溶いて出来上がり。子どもたちも、おひたしなどにするより、汁ものにすると野菜をたくさん食べてくれるから、ありあわせの野菜で朝からうどんにすることもあります。

20 免疫力アップに ねぎ

　出張の前や撮影が続くときなど、今は風邪を引けないぞというときは、食べものの力を借ります。免疫力を高めるには、ねぎの青い部分が良いらしいと聞き、おかずや味噌汁に入れるなどして、意識的に食べるようにしています。よく作るのは、青ねぎをたっぷり使う「青ねぎじゃこ炒め」。レシピがいらないほど簡単で、おいしいんです。ご飯が進むし、おつまみにもなります。そのまま食べるのはもちろん、おにぎりの具や混ぜご飯にしたり、卵焼きに入れたり、豆腐にのせたり、アレンジにもいろいろ使えます。風邪予防の心強い味方です。

ごま油を熱したフライパンで刻んだ青ねぎ1束分を炒め、ちりめんじゃこ1パックを加え、炒め合わせる。いりごまを加え、だししょうゆ（またはしょうゆ）をひとまわしして完成。青ねぎの代わりに、ピーマンやゴーヤで作ってもおいしいです。

ごま油を熱したフライパンで、にんじん、豚肉を炒める。火が通ったら、大豆の水煮、もどしたひじきを加えて炒め合わせ、だし汁、砂糖、みりん、しょうゆを加え、10分ほど煮る。タンパク質とカルシウムが一度に摂れるおかずです。

21 体のために、タンパク質とカルシウムを

体調を崩したときに病院に行ったら、3大栄養素（炭水化物、タンパク質、脂質）が足りないと言われたことがありました。料理をしていると脳が食べた気になっていて、ちゃんと食べていなくても空腹を感じていなかったみたいです。しっかり体力をつけるためにも、栄養バランスには気をつけるようにしています。味噌汁には豆腐や油揚げを使ったり、野菜炒めにはベーコンを加えたり、1品の中にタンパク質のものを必ず入れるように意識しています。カルシウムは骨の養分にもなるから、小魚や海藻、乳製品なども積極的に食べるようにしています。

22 我が家のインフルエンザ対策

インフルエンザが流行する季節に心がけていること。喉を乾燥させないように、白湯や緑茶を頻繁に飲む。胃腸に負担をかけないように、食べるときは腹8分目にする。ビタミンAは鼻や喉の粘膜を強くしてウイルスの侵入を防ぐ栄養素だから、ビタミンAの働きをするカロテンを多く含む緑黄色野菜は、たくさん食べるようにする。免疫力を高めるには腸内環境をととのえることも大事なので、毎日ヨーグルトを食べる。これが我が家のインフルエンザ対策です。もう何年もインフルエンザにはかかっていないので、どうやら効果はありそうです。

よく食べている栄養価の高い野菜。かぼちゃ、ブロッコリー、ピーマン、しょうが。

わたしの7ルール

長く生きていると自分の傾向が見えてきます。
日々の暮らしで大事にしていることはなんだろう。
私の人生のルールをあげてみました。

23
せっかく精神

限りある人生。
せっかくだから、どんな状況も楽しんだもの勝ち。

24
ご縁を大切に

ご縁がすべて。クールなこの時代に、
義理と人情とか言っている暑苦しい性格。

25
流行は友だちから

世間の流行や雑誌などより、
おしゃれな先輩や友人からの情報を参考に。

30分前行動を心がける

心配症なので、約束の30分前には到着。
忘れる自信しかないから、宿題もすぐやる。

餅は餅屋

書籍づくりなど、素人の私にはわからないので
言いたいポイント以外はプロに任せ、口出ししない。

家族との時間が大事

キャパが狭いので、無理はしない。
家族と過ごす時間を大事にするため、お店は16時閉店。

年末は人に会いたい

なぜか暮れになると人に会いたくなる。
お世話になった人には感謝を直接伝えたい。

30

《あの人のものさし》

フードスタイリスト
高橋みどりさん

1957年生まれ。女子美術大学短期大学部で陶芸を専攻後、テキスタイルを学ぶ。大橋歩事務所のスタッフ、ケータリング活動を経て、1987年フリーに。おもに料理本のスタイリングを手がける。著書に『伝言レシピ』(マガジンハウス)、『ヨーガンレールの社員食堂』(PHP研究所)、『わたしの器 あなたの器』(KADOKAWA) 他多数。最新刊に『おいしい時間』(アノニマ・スタジオ)。

　私は20代の前半に、東京にある雑貨店「ファーマーズテーブル」で働いていて、お店に撮影用の小物を借りにいらしていた高橋みどりさんを、ときどきお見かけしていました。その頃から、ずっと憧れの存在です。スタイリングを手がけている料理本はもちろん、自身の暮らしや食のことを綴った書籍も持っています。私の勝手な解釈ですが、みどりさんのスタイリングは、ただおしゃれで素敵なだけじゃなく、ちょっと抜けがあって、さじ加減がちょうどいいのです。写真から匂いまで伝わってくるような、生活のリアリティを感じるところが大好きです。今までちらりとご挨拶をしたことはあったけれど、ゆっくりお話しするのは今回がはじめて。とても気さくで、大先輩なのに同じ目線で話をしてくださるのが、うれしかったです。

「かっこいいことより、真実を伝えたい」

　みどりさんが「ここから人生がはじまった」と言うのが大橋歩さんの事務所。スタッフとして働き、電話の取り方や銀行の行き方など、基本的なことから手取り足取り教わったそう。事務所を卒業後、ケータリングの仕事につき、徐々に料理のスタイリングを頼まれるようになります。スタイリストになったのは30歳を過ぎてから。忙しくて外食ばかりでしたが、あるとき、料理の本を作っているのに、自炊をしていないことに違和感を覚えます。自分がいち生活者じゃないと説得力がないのではと思い、家で当たり前のようにご飯を作るようになったそうです。撮影では準備をいっぱいして、現場では何も見ない。その場のライブ感を大切にし、料理を見て器を決めているのだとか。
　「キャリアが長くなると、見栄えを良くするのは、いくらでもできる。でも、なんとなくかっこいい、なんとなくかわいいのは興味がなくて。伝えたいことがベースになくては嫌。かっこいいことより、真実を伝えたいです」

「気分よく、暮らす」

　みどりさんの人生のモットーは、風通しのいい生活。何も考えないで「気持ちいいね」と、つい言ってしまう。そういう状態が一番好きなんだそう。家に帰って来たとき、部屋がある程度片付いていた方が気持ちいい。だから、食器を洗わず流しに置きっぱなしで外出するなんて考えられないと言います。家に友だちが来たときも、料理と並行して片付ける。作り終わって流しが汚れているのは嫌だし、みんなが帰ったあと自分だけ大変だと思いたくないから。
　気分よく食べる、気分よく着る……。何かを選ぶときに基準にしていることは、"気分よく"いられるかどうか。そのためには、自分の好みを知っておくことが大事です。
　「どんな器を買ったらいいのかを聞かれることがあるけれど、人それぞれだから、普段どんなものを食べているの？って聞きます。炒めものか汁ものかでも、器の深さが変わりますよね。洋服でも髪型でも、気分がいいのが一番。選ぶ基準は、"こういう自分が好き"でいいと思うんです」

気になること、聞いてみました

大切にしている人生のルールは？

- 群れない
- つながらない
- 出しきる
- 媚びない
- 勘違いしない
- 身の丈を知る
- ため込まない

モヤモヤしているときは、原因を考える

「つるまずに一人で、自分の主張を持ってやっていたら対等に話ができる」と言うみどりさん。群れたり、つながったりする安心感が嫌なのだそう。仕事には優劣をつけず、出し惜しみはしません。良い結果を残せば、次につながるから、仕事をくださいと媚びない。"勘違いしない"は大橋歩さんが出版社の人に「先生」と呼ばれると、しつこいくらい「先生じゃありません」と言っていたのを見て学んだそう。身の丈以上に、デフォルメして書かれるのは苦手。心配事はため込まず、まずは原因を考えます。「気持ちがモヤモヤしているときは、原因が絶対にあるはずだから。原因がわかれば、対処すればいいだけ。経験上、物事がどんどん大きくなるのを知っているから、あとまわしにはしません」

みどりさんのA面とB面って？

わりと、くよくよします

みどりさんのパブリックイメージは、明るくて、さばさばしている感じ。ご本人にB面があるかどうか聞いてみると、「小心者だし、わりと、くよくよしますよ」とのこと。小さい頃は多感で、すごく女っぽい性格だと思っていたそう。仕事では、用意周到じゃないとドキドキすると言うから意外です。
「念入りに準備して、撮影現場では口笛を吹くくらいでいたい。撮影中の反省点や改善点に気づいたら、次の日の朝に編集者へ長文メールを送ってしまうこともあります。放っておくとズルズルしちゃう性格だと自分でわかっているから、引きずらないように整理したいんです」
私もくよくよしやすいタイプなので、みどりさんも同じような一面があると知って、ちょっと安心しました。

ときめきアイテムを教えてください

tmh.のピンブローチ

ジュエリー・アクセサリーデザイナーの古田智彦さんが手がけるブランド「tmh.」のオリジナルブローチ。普段ほとんどアクセサリーをつけないという、みどりさんが欲しいと思って買ったものだそう。「指輪は好きだけど、器を扱うのでつけなくなりました。このブローチは、Tシャツやシンプルなセーターに合わせるのが好き。いつもの服が違う気分になる。こんなミニマムなおしゃれが好みです」

10年後のイメージは？

暮らしていることが好き。この先もワクワクしていたい

今年で62歳。60歳で歳を意識し、終わることを考えた時期があったそう。
「若い頃にできたことが、スムーズにできない。もどかしくて、もう歳だなと思いました。でもしばらくしたら、もっとこんな生活がしたいという気持ちが湧いてきた。終わるんじゃなくて、はじめようと。この先もワクワクしていたいです」
結婚して夫の実家がある栃木・黒磯にもう1つの家を持ち、東京と黒磯を行き来する生活をはじめて12年ほど経ちます。いずれは黒磯に軸足を置くのもいいなと思っていると言うみどりさん。
「今は東京より、黒磯にいる方がホッとします。朝、窓を開けて景色を見たら幸せだなと感じる。柿をもいだり、つくしを取ったり、1個1個の経験が新鮮で楽しい。私は暮らすことが好きなんです」

31

せっかくだから、おいしいコーヒーを飲みたい

● aalto coffee（アアルトコーヒー）のコーヒー

　緑茶好きでお茶をしょっちゅう飲んでいる私ですが、朝は夫が淹れてくれるコーヒーを飲むことも多いです。コーヒー豆はいろいろな種類があるけれど、我が家ではいつもアアルトコーヒーのブレンドを飲んでいます。

　アアルトコーヒーは、庄野雄治さんが営む徳島のコーヒー専門店です。庄野さんは、友だちの友だちという間柄でしたが、10年以上前にデパートの催事で一緒になったとき、味見で淹れてくれたコーヒーを飲んだら、とてもおいしくて。「うちにも分けてください」とお願いして、以来、halでも販売させてもらっています。ブレンドは、まろやかな中深煎りと、ビターな深煎りの2種。味がおいしいのはもちろん、毎日飲むものだからこそ値段って大事ですよね。コーヒーが高くなっている時代に、自家焙煎なのに200gで1000円と買いやすい価格なのもいいなと思います。徳島と静岡だから庄野さんとは滅多に会えないけれど、考え方に共感するし、同世代で音楽の趣味も似ていて、同じところを通ってきた感じがしています。信用できる人が汗水たらして作っているコーヒー。毎日、大切に味わっています。

「アルヴァーブレンド(深煎り)」、「アアルトブレンド(中深煎り)」各1000円(halでの販売価格)。

32
紅茶はケチらず、たっぷり使いたい

「キャンベルズ・パーフェクト・ティー」(500g入り) 3028円。

● キャンベルズ・パーフェクト・ティー

　紅茶はしょっちゅう飲むわけではないけれど、どうせなら香りの良いおいしいものを飲みたい。でも高級な茶葉だと、ケチって使ってしまい、結果ぼんやりした味になることも。アイルランドの紅茶「キャンベルズ・パーフェクト・ティー」は、缶に500gの茶葉が入っています。アイルランドでは毎日たっぷり紅茶を飲むから値段が手頃で、気兼ねなく使えるのがうれしい。ストレートでもおいしいですが、コクがあってミルクティーによく合います。多めの茶葉で濃い紅茶を淹れ、牛乳で割って飲むのが好きです。

　この紅茶の輸入代理店である「TEA & TREATS（ティーアンドトリーツ）」の奥田香里さんは元編集ライターで、ロンドンでこの紅茶に出会って惚れ込んだのだそう。奥田さんが紹介する方法で淹れると、紅茶が抜群においしくなるんです。

33

◇ 沼津土産に
◇ おすすめしたいお茶

左から、「煎茶」、優しい味わいの「ぐり茶」各600円（50g入り）。

● やまよのお茶

　昨年の春、参加したローカルマーケットで、隣のお店の人に声をかけられ、見るとバスケ部の1個上の先輩。なんと35年ぶりの再会でした。お茶の農家エリアに住んでいる方で、売っていたのは実家のお茶。グラフィックデザイナーをしている弟さんがデザインしたというパッケージは、富士山の中に「ヨ」と書かれていてかわいい。聞けば先輩は今、帽子のデザインをしていて、都内にアトリエがあるそう。その後、halで帽子を取り扱うことになり、お披露目で帽子展をやることに。帽子だけよりもマーケットで売っていたお茶が買いやすいから「一緒に並べませんか？」と提案しました。それがきっかけで、帽子と一緒にお茶も仕入れるようになったのです。軽くて安いし、静岡産のお茶だから、県外から来たお客さんがお土産でよく買ってくれます。

34

次に向かうための小休止

疲れやすいので、1つのことが終わったら、すぐに動き出せず、次のことをする前に、10〜20分くらい休みます。料理をする前にお茶を飲む、掃除をしたあと、ちょっとドラマを見てから洗濯を干す、原稿を書く前に少し横になるなど、小休止が多いです。

打ち合わせのあとに約束があるときも、予定を詰め込まず、間に気を静めるための時間が欲しい。歯を磨いたり、椅子に座って休んだりしてから向かいます。halの閉店後は、すぐに家に戻らず、しばらく店でぼーっとしてから帰っています。夕日を見に海に寄ったり、喫茶店でコーヒーを飲んだりすることも。それなら16時閉店じゃなくて17時までできるじゃんと思うけれど、その何もしない1時間が私には必要。たぶん切り替えるのが下手で、キャパシティが狭いんだと思います。次のことをはじめるための、チャージの時間なのです。

35

夫婦喧嘩の落としどころ

　庭師をしている夫は、余計なことは言わない職人タイプ。ある日、友人とランチに行って食べたハンバーグがすごくおいしかったから、家族にも食べさせたいと思い、翌日にみんなで行きました。すると夫は「ここ、来たことある」と。店に行く前に言えばいいのに、言わないのです。知っているお客さんと外で会っても報告しないから、先方から「この間、旦那さんと会いましたよ」と言われて驚くこと

も。私はなんでも共有したいと思うけれど、夫は個人主義だから何も言わないんです。
　男の人に言いたいことを全部言うと、プライドがズタズタになるから、文句が10個あっても半分に抑えるようにしています。最近は喧嘩をしたら、最終的には健康でいてくれるからいいかと思うようにしています。万が一、病気になったら喧嘩どころじゃない。この落としどころがあると、腹の虫がおさまります。

36

使えば使うほど、
良さがわかる急須

●田谷直子さんの灰釉 ポット

　神奈川県・相模原に工房がある田谷直子さん。ろくろを回すところを見たことがあるのですが、ゆっくり、ゆっくり、回していたのが印象的でした。話し方もゆっくりで、お人柄が作品にあらわれています。田谷さんの器は細部にわたるまで丁寧に作られていて、主張しすぎず、佇まいがちょうどいいのです。前から好きな作家さんで、家で器を使っていたのですが、陶芸家の村木雄児さんの家に行ったとき、たまたま遊びに来ていた田谷さんにお会いしたことがきっかけで、halでも取り扱わせていただくようになったのでした。

　同じ陶芸家でも、飯碗が上手な人、鉢が上手な人と、得意分野がありますが、田谷さんは、急須が抜群に良いと思います。派手な特徴はないけれど、使えば使うほど良さがわかります。急須の中にある茶こしは芸術的に穴があいていて、細かい茶葉も出ないし、液ダレを一切しないのです。灰色の色合いも、さりげなくて、なんとも良い感じ。急須は形が複雑だから工程がいっぱいあるのに、値段もそこまで高くありません。halのお客さんに「いい急須はないですか？」と聞かれたとき、いつもこの急須をおすすめしています。

「灰釉 ポット」10000円。ろくろならではの手の温もりを感じられます。

37

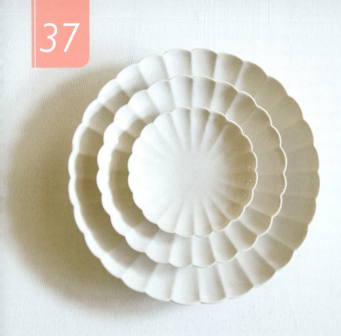

「菊皿」小皿（SS）900円、取り皿（S）1600円、中皿（M）2400円。

菊皿に盛りつければ、見栄えが良くなる

●JICON 磁今の菊皿

　友人でプロダクトデザイナーの大治将典さんが、創業350年の有田焼の窯元に入って磁器ブランドを立ち上げたと聞き、知ったのが「JICON 磁今」。いろいろなアイテムがあるけれど、halで扱っているのは菊皿のみ。スペースが限られているので、これぞというものに絞らざるを得ないのです。菊皿は、名前の通り菊の花の形をしていて、生成りのような白は温かみがあります。大きさは、大中小の3サイズ。小はしょうゆ皿にしたり、おにぎり1個や和菓子を盛ったり、中は取り皿にしたり、ケーキやフルーツを盛ったり、大はトーストやハムエッグ、ぶりの照り焼きなども合います。器が華やかなので、地味なおかずも見栄えが良くなるのがうれしい。トマトを切っただけでも菊皿に盛れば、どや顔で出せます。箱入りで、贈り物にも喜ばれそうです。

38

「根来挽目うつわ 大」4200円。小、大、特大の3サイズ。黒もあり。

彩りが足りないときは
赤い汁椀でカバー

●石川漆宝堂の根来椀（ねごろわん）

　料理研究家の有元葉子さんの料理本で使われているのを見て、この根来椀のことを知りました。石川県の山中温泉で創業した石川漆宝堂は、歴史ある山中漆器の技術を受け継ぐ職人さんの手で漆器を作っている会社です。根来塗りとは、黒漆の上に朱漆を重ねて塗り、研ぎ出しをして下の黒漆をあらわす技法。プロダクトなので漆としては安く、カジュアルに使うことができます。軽くて、洗っていても負担になりません。

　高台がないから、汁もの以外にも用途が広がります。お鍋のときの取り皿にしてもいいし、炊き込みご飯を入れたり、サラダボウルにしたりしても合うんです。おかずが地味だからといって、トマトやにんじんをわざわざ使わなくても大丈夫。赤い汁椀を置くと食卓が明るくなり、彩りがないときの助けになります。

S 1200円、M 1700円、
L 2600円、XL 3600円、
XXL 4000円の5サイズ。

明るい色のコースターは
気分が上がる

● 架谷（はさたに）フミヨさんのクロスマット

　手編みでクロスマットを制作している架谷フミヨさん。halにはシックな色の商品が多く、色ものが欲しいと思っていたから、作品を見たとき、きれいな色づかいに惹かれました。普通、かぎ針編みは表目と裏目が交互になるけれど、片面がすべて表目、すべて裏目になる「ハッサー編み」という独自の編み方で作られています。秋冬はウール、春夏はリネンになるくらいで、毎年同じ糸で、同じ形。その潔さも素敵です。

　コースターとしてだけでなく、大きめのサイズは鍋敷きやポットマットにしたり、鍵置き場にしたり。Sサイズを虫ピンで壁に刺して飾っているというお客さんもいました。家ではお茶を飲むとき、マグカップの下に敷いています。お茶の時間がうれしくなるアイテムです。

40

「クリの盆(30cm×30cm×3cm)」
20000円。毎日活躍しています。

家族4人分の器を運ぶ、ベストなお盆

●山口和宏さんのお盆

　山口和宏さんは、福岡県うきは市の工房でお皿やカッティングボードなどを制作している木工作家です。仙人のように穏やかで、ときどきフォカッチャを焼いて送ってくれたりする、チャーミングな人。作品はすべて手彫りで、手触りがとても良いんです。表面の乾きを抑えて水分がしみ込みにくいように、ハニーワックスを塗って仕上げています。

　木のお皿は湿気を吸うので、焼きたてのトーストをのせると、カリカリのまま食べられます。陶器や磁器の中に温かみがある木が入るとアクセントになるから、パスタなどのいろんな料理に使います。我が家は台所からリビングまで動線が長く、行き来を減らすため、お盆は必須。山口さんのお盆は、家族4人分のお茶碗がちょうど収まる大きさで、指の第一関節が入る持ちやすい深さなのです。

41

「サンホワイトP-1 平型品(3g)」280円。神宗の塩昆布(90g)800円。「心ばかり」の袋に入れて渡します。

配る習性があります

　友人や仕事でお世話になっている方に会うとき、何かをあげたくなります。贈り物というほど大げさなものではなく、ささやかなプチギフトです。halのお客さんから、いろいろいただくことが多いので、次に会ったとき、いつでも渡せるように保存がきく小さなお返しを用意していたのが、配付癖のはじまり。食べておいしかったものや、使って良かったものは、自分の分だけではなく、配付を見込んで多めに購入します。そして会う人会う人に、「これいいよ」、「おいしいから食べてみて」と、頼まれてもいないのに渡す。私が勝手に配りたいだけなので、お返しはいりません。だから、相手が気を遣わないように1000円以下で、あっても困らない消耗品や実用的なものを選ぶようにしています。

　乾燥が気になる季節になると配るのが、サンホワイトのワセリン。唇や目の周り、手やかかとなど、どこにでも使えて万能です。携帯に便利な3g入りの小さいサイズを見つけ、配付用にたくさん買ってストックしています。年末に会う人には、大阪・神宗の塩昆布を渡します。山椒の香りが良く、肉厚でおいしい。クリアファイルとしても使えるパッケージも気が利いています。お歳暮やお中元を選ぶのも大好き。自分ではなかなか買わないけれど、使うと良いもの。そういうものを見つけるとうれしくて、人に紹介するのが楽しくてしょうがないんです。

55

42

《あの人のものさし》

手相観
日笠雅水(ひかさまさみ)さん

愛称はマーコさん。15歳で手相に興味を持ち、独学で手相を学ぶ。はじめは音楽好きが高じて音楽業界で働き、YMOのマネージャーを務めた。フリーの音楽ライターなどを経て、35歳から手相観に。東京に「テソーミルーム」を開き、日々、手相を観続けている。著書に『テソーミ入門 誰でもできる手相観ガイド』、『手のひら予報』(ともにマガジンハウス)など。

　37歳の誕生日に友だちからプレゼントされ、日笠雅水さんに手相を観てもらいました。そのときに「ポルシェのエンジンを持っているのに、生かしていない。羽を広げて羽ばたきなさい」と言われました。その言葉がずっと心に残っていて、節々で思い出しています。雑誌や書籍のお話をいただくようになったとき、「私なんか」が口癖だった自分が流れに乗ってやってみようと思えたのは、日笠先生の言葉のおかげです。「今はセレクトをする側だけど、芸術的センスもあるから何か作れるわよ」とも言ってくれました。当時は無理だと思っていたけれど、最近ワンピースのデザインをさせてもらったりしていて現実になっています。あの日の言葉に今までどれだけ背中を押されたことでしょう。13年ぶりにお礼を伝えたくて、会いに行きました。

「手相は、短編小説みたいなもの」

　神社仏閣めぐりをしたり、神様と交信したいと思ったり、いわゆる不思議少女だったと言う日笠先生。手相は独学で学び、周囲の人の手相を観て喜ばれていましたが、35歳までは仕事にしていませんでした。音楽が好きだったので音楽業界で働き、YMOのマネージャーを務めていたこともあります。手相観になって今年で30年。仕事をする上で1つ決めているのは、自分が不健康になったり、悩みはじめたら即刻、辞める。「予約が入っちゃうから、不健康になれない」と笑います。暗い相談に飲まれてしまうことはないのでしょうかと聞くと、「手相を観ることは、ショートフィルムを観たり、短編小説を読んだりするのと同じ。ミステリーも、ホラーも、恋愛小説も、日常のエッセイもある。だから話を聞いた直後は影響されるけれど、次の人が来たら、前の話は忘れて別の世界に入れます。引っ張られるようでは、プロとして仕事にならないですね」とのこと。これまで、たくさんの人の物語を観てきたのですね。

「自立して、自由でいる」

　人生のモットーを訊ねると「自由であること」という返答。管理されたり、甘えたり、お世話になりたくない。そのためには、できるだけ自立をしていたいと言います。
「私は独身だし、子どももいないし、会社勤めをしたこともない。自立というのは、お金を持つことではなくて精神的なこと。何かに支えを求めると孤独を感じるけれど、最初から自立していたいという考えだと寂しくないです」
　日笠先生は手相観になる前、悟ったことがあります。悩みというのは、これは悩みだと自分で認定しているだけ。ただの"悲しい気持ちになる出来事"で、悩み認定しなければいい。しょうがないことは、「はいはい、しょうがない」と思っていればいい。そのことに気がつき、生きやすくなったと言います。すごい発想。勉強になります。
　何かを選ぶときの判断基準も、自由でおおらかです。
「私のものさしはゴム。時と場合によって伸びます。いつも一定のものさしで判断はしません」

気になること、聞いてみました

大切にしている人生のルールは？

- 人の目より、神様の目を気にする
- ズルはしない
- 見栄は張らない
- 知ったかぶりをしない
- 集まるなら4人以内で
- カラオケは辞退する
- 部屋にテレビを置かない
- 夢の中でも無茶しない
- 仕事の売り込みはしない
- どんなときでも能天気をキープ

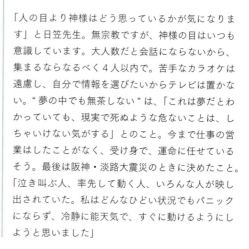

仕事は受け身。運命にお任せしています

「人の目より神様はどう思っているかが気になります」と日笠先生。無宗教ですが、神様の目はいつも意識しています。大人数だと会話にならないから、集まるならなるべく4人以内で。苦手なカラオケは遠慮し、自分で情報を選びたいからテレビは置かない。"夢の中でも無茶しない"は、「これは夢だとわかっていても、現実で死ぬような危ないことは、しちゃいけない気がする」とのこと。今まで仕事の営業はしたことがなく、受け身で、運命に任せているそう。最後は阪神・淡路大震災のときに決めたこと。「泣き叫ぶ人、率先して動く人、いろんな人が映し出されていた。私はどんなひどい状況でもパニックにならず、冷静に能天気で、すぐに動けるようにしようと思いました」

日笠さんのA面とB面って？

私、占いはしていないんです

「文字面だけ見たら、私は占い師だと思われるんです。それがパブリックイメージだとしたら、B面は占い的ではないということかな」と日笠先生。宗教用語や精神世界の言葉は使わない。普通の言葉で、当たり前のことをお話しする。たしかに一般的に想像する占いとは違います。「ミステリアスな占いの部屋もあるけれど、手相を観る部屋は、シンプルな小屋。庭には季節によっていろんなお花が咲き、雨が降れば音が聞こえる。冬は寒いし、水まわりもないけれど、私はこの空間を贅沢だと感じます」
占いは運命はこうだと決まっていることを伝える役割があるけれど、手相はいくらでも変わるし、決めつけないそう。「占いは可能性の提示と受け止め、参考意見として活用するのが大切ですね」

ときめきアイテムを教えてください

60歳で買った赤い車

車に乗りたくて58歳で教習所に行き、59歳で免許を取り、60歳の誕生日に、誰にも言わずに計画して車を買ったそうです。今まで自分に高いものや贅沢なものを与えたことがなかったけれど、車は自分の60年に対するご褒美です。色は昔から大好きな赤に。
「ぶつけられても大丈夫な頑丈な車がいいと言って、知人が安い中古車を見つけてくれました。車の中は好きな人の音楽をかけ、そのアーティストと一緒に過ごす時間を楽しみます。ドライブはデートです」

仕事道具

ここが何歳ですよと差すときに使う手相観棒は、かんざしや鉛筆、子ども用の箸など。これを持つとスイッチが入るそう。赤いチェックのテーブルクロスは、コムデギャルソンのショール。一目惚れして買ったお気に入り。

10年後のイメージは？

今より、もうちょっと
マシになっていたいです

振り返ると、40代より50代のときの方が元気だったそう。50代から60代になっても、常に前の年よりも元気。65歳になった今、10年後は、もうちょっとマシになっていたいと言います。
「もうちょっとできることを増やしていきたい。車の運転でも車庫入れでも、片付けでも、どんなことでもいいから、何かを上手になっていたいです」

日笠先生は、40年住んでいる古いマンションで、3匹の猫と一緒に暮らしています。猫たちは今年で8歳。10年後は18歳。まだ十分生きている年代です。
「猫より先に死ねないと思っています。大きな夢や野望はないし、結婚もしなくていい。猫たちとゆったり過ごしていたいです。75歳だけど、結構若いじゃんって思えるようでいたいですね」

43

料理家
オカズデザインさん

2000年、吉岡秀治、吉岡知子により結成。書籍や広告のレシピ制作、器の開発、映画やドラマの料理監修などを手がける。岡山県の森に家を構え、東京都杉並区にて器と料理の店「カモシカ」を月に10日ほどオープン。著書に『二菜弁当』(成美堂出版) ほか。

人生のモットーは？

- 好きな人とおいしいものを一緒に作り、食べる
- 湧き水を飲み、採れたての旬のもの・野生のものを食べる

自分らしく暮らすための「ものさし」は？

バランスの美しさ

「どんなに忙しくても、森で暮らすための時間を毎月10日は取ります。また、調和、デザイン、塩梅……といったことを意識します。言葉の表現は違うものの、バランスが取れた状態や人柄が美しいと感じます。そういったものを作りたいし、自分たちもそうでありたいと思います」

オカズデザインさんのA面とB面って？

- 秀治「道端や海辺できれいな石を見つける才がある反面、整理整頓が苦手で、ものを捨てられません」
- 知子「愛読書は四コマ漫画 (しかも何度も読んでいるもの) です」

ごほうび or ときめきアイテムは？

- 秀治「ホームセンターや東急ハンズが好き。いろんな素材や道具にときめきます。スパイスも好きで、珍しいものがあると、つい手が伸びます」
- 知子「毛皮、猫柳 (猫じゃらしも好き)、コーヒーゼリーやプリン……。なめらかでつややかなもの、肌触りや口当たりが良いものが好きです」

10年後のイメージは？

森の中に果樹園を作る

「森の中に果樹園を作り、料理やお菓子、シードルやビネガーを作りたいです。そして変わらず、好きな人と食卓を囲むことを当たり前にしていたいと思います」

料理家だけでなく、グラフィックデザイナーの顔も持ち、halのHPのデザインをしてもらいました。テンションが似ていて、一緒にいてラクな人たちです。今は岡山と東京、2つの拠点があり、2年前に岡山にも遊びに行きました。料理がおいしいのはもちろん、感性が研ぎ澄まされていて、料理やワインを説明するときの言葉が詩のように素敵なのです。

44

《あの人のものさし》

建築家
井田耕市さん

1974年生まれ。設計事務所勤務後、2007年よりフリーに。東京都合羽橋のカフェ「itonowa」、料理家・なかしましほさんのお菓子店「foodmood」、オカズデザイン(p.60)の「カモシカ」など、多くの店舗の設計を手がける。

人生のモットーは？

自分のことは自分で

「できるだけ、自分のことは自分でする。仕事や家事といった身のまわりのことを含め、どんなときでも、まずは自分で生活できるようにします。とはいえ、あまり頑張りすぎないようにもしています」

自分らしく暮らすための「ものさし」は？

本当に必要かどうか

「何かを選ぶときは、本当に必要なものなのかをよく考えてから手にするようにしています。身のまわりには、20年以上使っているものも多いです」

ごほうび or ときめきアイテムは？

本

「本は新刊、古書の区別なく、そのときに興味があるものを読んでいます。読書は日常の一部になっている感じですが、本を手にしたとき、読んでいるときは、ごほうびの時間なのかもしれません」

井田さんのA面とB面って？

せっかち

「パブリックイメージがどういったものかわかりませんが、じつはせっかちです。また、カフェの設計をすることが比較的多いのですが、打ち合わせの合間など一人のときは、ドトールやタリーズコーヒーなどのチェーン店によく行きます」

10年後のイメージは？

今より日常を楽しむ

「具体的なイメージはないのですが、10年前よりも日常の中で面白いと思えることが増えたので、10年後は、今よりも日常を楽しむことができればと思います」

オカズデザインの「カモシカ」のイベントで知り合い、以来、ご飯を食べたりするように。いつもニコニコしていて、朗らかで気持ちのいい人です。馬が合うから居心地が良く、ドトール派という共通点も。知人のお店をたくさん設計しているけれど、私はプライベートでしかお付き合いがないので、B面しか見ていません。そんな関係も面白いなと思います。

61

店を出すからには
流行にのらない

沼津駅南口から徒歩5分。椅子の上のプレートが目印です。

ラックにはワンピースやボトムスなど、ベーシックな洋服が並ぶ。

　昔から食べることが好きで、その延長で器も好きでした。40歳になったら食堂をやりたくて資金を貯めていたけれど、32歳のとき病気で入院。人生何が起こるかわからないから温めている場合じゃないと思い、34歳でお店を出すことを決意。まだ子どもが小さく、家族との時間を優先させるため、器を扱う雑貨屋にしました。子どもが中学に上がったら食堂をやろうかなと思っていたけれど、料理家の友人ができると、プロの料理のおいしさにびっくり。自分のレベルでお金をちょうだいするわけにはいかない。己を知り、飲食をやりたいと言えなくなりました。今思うと、料理は自己表現だから、自分に自信がないとできない。自己主張が苦手な私には務まらなかったかもしれません。雑貨屋はものが主役。店主は黒子で、作り手とお客さまをつなげる係。私はこちらが向いているなと思います。

棚には定番の飯碗や丼など。新しく入荷した商品はテーブルの上に。

　北欧、フレンチなど雑貨にも流行りがあります。私は好きなものは根本的に変わらず、流行を追うのは性に合いません。みんながカフェオレボウルをお茶碗にしていたようなフレンチブームのときも、土ものの器やちゃぶ台を使っていました。

　お店を出すときも、流行は意識しませんでした。そもそも棚が限られているから、流行りにのっかっている場合じゃないのです。取り扱うのは、自分が好きなものや、使って良かったものだけ。ただ、ものを仕入れるだけでなく、人付き合いでもあるから、人柄やご縁も大事です。

　起業した人の話を聞くと、皆さんしっかりマーケティングをして時代の流れを読み、世間が求めているものを調べているのに、私にはビジネス的な戦略がまったくありません。俺流でやってきてしまいましたが、おかげさまで今年で17年目を迎えることができました。

65

46

「麺丼」5200円。線の太さが細めの柄違いもあります。

一人暮らしの
息子に持たせた丼

● 濱田正明さんの丼

　お店をはじめる前から濱田正明さんの器は大好きで、よく買っていました。最近、古希を迎えた、値段が高くてもおかしくない作家さんですが、飯碗でも3000円と良心的なのです。ろくろがとても上手で、白磁の蕎麦猪口なんて型枠かと思うくらい形がそろっていて、スタッキングしてもきれいに収納できます。飯碗は奇をてらわないザ・飯碗という感じで、halのお客さんも「すごく良いから家族の分も」と買い足す方が多いです。

　濱田さんの丼は軽いから、手に持って食べられるし、洗うのがラクなんです。陶器で軽く作るのは大変なこと。技術がないとできません。我が家はラーメン丼は持っていなくて、麺類もご飯ものも全部この丼を使っています。1つあれば困らないから、息子が東京で一人暮らしをするときにも持たせた器です。

47

「パスタ皿（直径21cm）」10000円。ザラッとした手触りも良い。※現在は制作休止中。

普段づかいできる漆のプレート

● 赤木明登さんの漆

　能登・輪島の工房で、日常的に使える漆器を作っている赤木明登さん。よく個展に行っていて、halのオープン時から取り扱いしている作家さんです。漆は決して安くはないけれど、赤木さんは買ったあとに塗り直しをしてくれるから長く使うことができます。私も味噌汁を入れていた汁椀に割れができてしまい、塗りに出しました。アフターサービスまでする作家さんは、なかなかいないです。

　黒塗りの漆のプレートは、普段づかいしやすく、汁椀とはまた違う雰囲気を楽しめます。素材が木だからトーストをのせてもいいし、厚揚げを焼いてしょうがやおかか、ねぎをのせただけでも映える。パスタや炒めものも合うし、マスカットなどの果物を盛りつけてもきれいです。普通に洗剤で洗って自然乾燥するだけだから、お手入れも難しくありません。

48

「うすはり タンブラー L 」2000円。
SS ～ LL まで、サイズは5種あり。

うすはりグラスで飲めば、
なんでもおいしい

● **松徳硝子**（しょうとくがらす）**のうすはりグラス**

　我が家は電子レンジの上にコップ置き場があり、そこから自分で好きなコップを取って飲むのですが、息子は水でも牛乳でも何を飲むときでも、うすはりグラスを選んでいるのです。理屈じゃなく、子どもにも良さが伝わっているんだと思いました。私は焼酎などで晩酌をするときに使っています。1mmを切る極薄のガラスは軽くて手触りが良く、なんといっても口当たりが全然違います。いつものお茶やお酒が特別なものに感じられる。1000円台から味わえる贅沢です。

　雑誌の企画でうすはりグラスを作っている松徳硝子の工場見学に行ったことがあります。職人さんが1個ずつ手吹きで作っていて、踊っているような動きでした。無駄な動きがひとつもなく、日本舞踊みたいに美しかった。職人技を目の当たりにして、ますます好きになりました。

49

高さは6cm、4.5cm、2.5cmの3種。サイズは14cm角（1200～1800円）、17.2cm角（2100～2700円）の2種。仕切りは1000円。

枡重は気が利いているアイテムです

●ヤマサキデザインワークスの枡重

　商品企画やプロダクトデザインをしている山崎宏さんは、10年ほど前からの友人でした。枡を浅く仕立てた「枡重」を知ったのは、デパートの催事で一緒になったとき。お重なのにセットではなく、バラで売っているのが衝撃的でした。大きさが2種、深さ違いで3種あり、一番浅いものはふたになる。1段だけでも買えるし、必要に応じて買い足しもでき、仕切りも別売り。リーズナブルなのもうれしいポイントです。

　お正月におせちを入れるだけでなく、和菓子やお稲荷さんを入れたり、煮物やサラダなどを盛りつけたり、角皿代わりに使うことも多いです。ヒノキ素材だから、汁気があるものも大丈夫。普通に洗剤で洗えるから、お手入れもラク。あらゆるところに気が利いていて、思いやりあふれるアイテムなのです。

50 興味の力は距離を超える

　halをはじめて5年目のとき、もう気が済んで辞めようかなと思ったことがありました。でも結局、辞めないで続けていたら、雑誌に出ることになり、そこからあれよあれよと11年が経ったので不思議なものです。オープン当初は地元のお客さまばかりでしたが、今ではありがたいことに北は北海道、南は沖縄まで全国からお客さまが来てくれます。2018年秋にNHKの番組に出た影響も大きく、出演時間は20分くらいだったのにフィーバーが長く続いて、びっくりしています。四国と東北から来て真ん中（？）の沼津で待ち合わせたという方や、台湾、中国、韓国といった海外から来る方も。「ここに行ってみたい」という興味があれば、遠くても、距離を超えさせる力があるのだと実感しています。いつか行きたいと思っているうちに閉店することもあるので、お店があるうちにいらしてくださいね。

1 静岡・富士市のカフェ「キャトルエピス」で出張hal、2 沖縄、3 鹿児島のさつま揚げ、4 北海道・六花亭の喫茶室。

地方巡業はじめました

昨年春、fog linen work とコラボレーションして作ったワンピースのお披露目をかねて、出張halと題した地方巡業をはじめました。ワンピースの他、halで扱っている雑貨を並べた小さなポップアップショップです。カフェや雑貨店など地方で素敵なお店をやっている方と知り合いになったら、自分で企画して声をかけています。これまでに長崎、島根、北海道、徳島、鹿児島、沖縄などに行きました。ご縁があって蔦屋書店からも「出張halをやってください」と声をかけていただき、代官山、柏の葉、広島、湘南、福岡でやらせてもらいました。

地方に行ったら、その土地のおいしいものを食べられて、家事をしなくていい朝がある。こんなに幸せなことはありません。育児中はなかなか遠方に行けなかったので、これからは全国行脚して、会いたい人には積極的に会いに行こうと思っています。

52 ものづくりの背景を知りたい

　私は、作り手の人柄や想い、ものづくりの背景を知るのが大好き。完成品をただ受け取るより、プロセスも込みで味わいたいのです。レコードやCDを買ったら、付属しているライナーノーツを読むのが楽しみ。器でも食べ物でも、どんな人がどんなふうに作っているかを知ることで、より愛着が湧きます。

　自分のことは、たいしたネタがないけれど、魅力的な人やものについてなら、いくらでも喋ることができます。話すときの第一声が「私はね」が多い人もいますが、私の場合は「あの人はね」からはじまります。自分じゃなくて、誰かが言った言葉を伝えたいのです。halのお客さまにも「この器は、作家さんがこんな人で……」などと、つい暑苦しく語ってしまいます。自分が主役になるよりも、人のことを話す方が得意だから、雑貨屋店主をやっているのかもしれません。

53 泣き虫

　感激屋で、泣き虫です。子どもの合唱コンクールや卒業式に行ったときは、ボロボロ泣きました。卒業式では、卒業生が入場する前の在校生の歌の練習でもう泣いていて、周りにびっくりされたほど。やさしい言葉にも弱く、人にやさしくされるとすぐ泣いちゃう。カラオケに行ったら、いい歌詞だなと思ってホロッとくるし、涙腺がバカになっているのかも。
　お正月は、駅伝と高校サッカーを見て泣くことからはじまります。この子は4年だから今年が最後なんだと思ったり、出られない補欠の子がいたり、いろんなドラマにぐっときます。アナウンサーの方が「この選手のお母さんは去年、病気で亡くなりました」という話をするともうダメです。関係者でもないのに感情移入しすぎちゃって困る。学生時代はそのときにしかない期間限定の美しさがあるから、余計感動するんです。

54 粋な人と、無粋な人

無理難題を平気で言ったり、空気を読めなかったり……。無粋な発言や行動を見ると、「人のふり見て我がふり直せ」で、自分も気をつけようと思います。たとえば喫茶店などで、セットのメニューがちゃんと書いてあるのに、「あそこにあるのはセットにならないんですか？」ってわざわざ聞いちゃう人。本人に悪気はないんだけど、手厚くされるのに慣れている人は「〜してくださらないの？」という気持ちがどこかにあるようで。やってもらって当然という態度は、見ていてハラハラします。言い方ひとつでも、そこに愛があるかどうかだと思うんです。何か聞くときに「〜できませんよね？」って言う人より、「〜できますか？」って言う人の方が私は好きです。

　一方で、周りには粋だなと思う人がいっぱいいて、勉強になります。私が悩みの渦中にいるときは黙っていて、少し時間が経ってから心配の声をかけてくれる人、言葉のチョイスに思いやりがある人。ある友人は欲しいものがあっても、開店前から並んだり、どんな手段を使ってでも欲しいのではないのだそう。手に入れるまでの経過も大事にしていて、そのスタイルが素敵だなと思いました。どうでもいいようなことでも、ちょっとしたことで人間性が出ます。これ以上は言わない、これ以上はやらない、これはちょっと違う。そういう自分の中の線引きを、見失わないようにしたいです。

日常にある、うれしいこと

毎日いろいろあるけれど、悲観的になっても、はじまらない。
ささいな幸せ、ささいなうれしいことがあれば、頑張れる。
小さなことに、よろこびを感じられる人でありたいなと思います。

55 富士山が見える

いつも見守ってくれる存在。
雲がかからず、きれいに見えているとうれしい。

59 子どもがかわいい

笑っても、泣いてても、
どんな姿もかわいい。
小さい子を見かけると目を細めちゃう。

56 夕日がきれい

きれいな夕焼け空は感動する。
海でボーッと夕日を見る時間も好き。

60 桜が大好き

春は一番好きな季節。
桜が咲いている風景を見ると
幸せな気持ちになります。

57 近所の猫に会える

お店の近くに住んでいる猫。
道で会えたら、今日はいい日だと思う。

61 ぬか漬けを かき混ぜる

おいしいし、毎日かき混ぜていると、
ぬかで手がつるつるになります。

58 風が気持ちいい

寒くもなく、暑くもなく、
心地よい風が吹いている日は気分がいい。

62

《あの人のものさし》

Roundabout ／ OUTBOUND 店主
小林和人さん

1975年生まれ。1999年より生活用品を扱う店「Roundabout（ラウンダバウト）」を運営。2008年には物がもたらす作用に着目する場所「OUTBOUND（アウトバウンド）」を開始。ホテルのスタイリング業務や、新聞や雑誌等での執筆も手がける。著書に『あたらしい日用品』（マイナビ出版）他。

人生のモットーは？

● せっかくだから精神
● しぶとさ

自分らしく暮らすための「ものさし」は？

ものさしを疑う

「気づかないうちに自らに定めてしまう"ものさし"を常に疑うこと、でしょうか」

ごほうび or ときめきアイテムは？

ビール

「ビールがそれに該当します。古代メソポタミア文明の時代より、シュメール人はビール造りに精を出していたと言われています。小規模の醸造所で造られたビールのことを最近では皆"クラフトビール"と呼びますが、自分にとっては"地ビール"という呼び名がしっくりきます。中でも福生の地ビール"多摩の恵み"が一番の好みです」

小林さんのＡ面とＢ面って？

整合性より、面白さ

「A面は、破綻を避けて慎重に、整合性を追求する。B面は、破綻上等、整合性よりも面白さを追求する」

10年後のイメージは？

古典文学を読む

「若い頃にあまり手に取らなかった古典文学を読んでおきたいです。また、自国の歴史と文化を外国語で伝えられるようになっていたら素敵だなあと思います」

Roundaboutで友人がバイトしていて、開店当初から通っていました。小林さんとは5年ほど前から仲良くなり、カラオケ部を発足。おしゃれショップの店主ですが、飲みの席では面白くてサービス精神旺盛な人です。私が大事にしている「せっかく精神」は、もともと小林さんが話していたこと。やさしくて、年下からも年上からも好かれる人たらしです。

63

イラストレーター
上田三根子さん

イラストレーターとして広告、雑誌、装幀など幅広い分野で活躍中。主な仕事に石鹸ハンドソープ「LION キレイキレイ」のビジュアルデザイン、ゲーム「ぼくのなつやすみ」キャラクターデザインなどがある。

人生のモットーは？

なるようになる

「"人生なるようになる"がモットー。のんびりした性格で、感情の高低差が少ないかも。怒ってもいいようなことでも怒れないのは、長所でも短所でもあります。笑っても怒っても時間は同じだから、笑って過ごす方がいいなと思います」

ごほうび or ときめきアイテムは？

- 気のおけない友人との、おいしい食事とおしゃべり
- 夜眠る前の、バカラのグラスに注いだスコッチウィスキー、音楽、読書
- JAMIN PUECHのバッグ
- 愛犬のケアーンテリア

自分らしく暮らすための「ものさし」は？

食事や色にこだわる

「出来合いのものを買うこともあるけれど、パックのまま食卓に出さず、絶対にお皿に盛りつけてからいただきます。また、色にこだわりがあるので、ヘンテコな色の組み合わせでも気にしない人とは、たぶん仲良くはなれないと思います」

上田さんのA面とB面って？

インドア派

「おしゃれ好き、明るい性格など、ポジティブな印象がA面なのかなと思いますが、じつはホラーやミステリー、幻想小説が好きで、独りが好き、家にいるのが好き。思いっきりインドア派です」

10年後のイメージは？

健康におしゃれを楽しむ

「健康に気をつけて、おしゃれを楽しめる生活ができていることが望みです。今のように仕事中心というわけにはいかないですが、のんびりと好きなように暮らせていたらいいなと思います」

かわいくて、おしゃれで、器が大きい。こうありたいなと思う先輩の一人です。上田さんは"ジョン"とあだ名がつくほどのビートルズ好きで、ビートルズ来日のときは高校をサボって武道館に観に行ったそう。私は音楽でも映画でも60年代が好きで、その頃に高校生でいたかったと思うくらい。憧れ世代の上田さんから当時の話を聞くのは楽しいです。

64

《あの人のものさし》

アロマセラピスト
生駒雅美さん

20歳で渡英し、20代のほとんどをロンドンで過ごす。一時帰国中に突然パニック障害になり、再渡英。アロマセラピーに癒されたことをきっかけに本格的に学び、アロマセラピストに。現在は帯津三敬病院にてアロマセラピーを行い、美容業界で教育事業にも携わる。

人生のモットーは？

- 嫌いな人には丁寧に、好きな人には親切に
- 仕事もプライベートも、スケジュールを詰め込みすぎず、頑張りすぎない
- 何事も決めつけない
- バイタリティさえあれば、なんとかなる

自分らしく暮らすための「ものさし」は？

かっこいいかどうか

「判断に迷ったときは、"どちらがかっこいいと思うか"を基準にしています。また、何事も"ハートがときめく方"を選ぶようにしています」

ごほうび or ときめきアイテムは？

- 大好きな友人たちとの時間
- 大好きなバンドのライブ
- 大好きなDJで踊ること
- ラベンダー、フランキンセンス、プチグレン、ゼラニウム精油の香り

生駒さんのA面とB面って？

じつは乙女

「年齢的にも"姐さん"と呼ばれることが多く、そうした姉御肌の自分を演じるときもあります。それがA面だとするなら、B面は、ものすご～く乙女な部分があることです。恥ずかしいので誰にも見せていませんが、恐ろしいことに後藤さんには見透かされています（笑）」

10年後のイメージは？

好きを増やしたい

「10年後も、今までの"好き"を突き詰めつつ、新しい"好き"もどんどん増やしたいです。人間は感動するために生まれてきていると思うからです」

同じ歳の遊び仲間。向田邦子好きが集まる向田会の一員でもあります。頭の回転が速く、いつもゲラゲラ笑わせてくれる。海外にいたので通訳の仕事もしていて、ヒョウ柄を着こなす、かっこいいお姉さんですが、恋愛話になると中学生かと思うほどかわいくなり、抱きしめたくなってしまいます。かっこよさと、かわいさを持ち合わせる魅力的な人です。

65

左から、「すみれ」900円、「小桜」1000円、「ナンシー関 ねまりうさぎ」1300円、「桃」1000円、「サンキュー格子」900円。※「ナンシー関 ねまりうさぎ」と「サンキュー格子」はhal以外では取り扱いなし。

ハンカチ代わりに手ぬぐいを持つ

●かまわぬの手ぬぐい

　数年前、消しゴム版画家・コラムニストのナンシー関さんの展覧会に行ったとき会場で買った、うさぎ柄の手ぬぐいを大事に使っていました。どこを探しても売っていないから、ある日、ご飯仲間でもある手ぬぐい専門店「かまわぬ」の専務に「どこの手ぬぐいか知ってる？」と聞くと「弊社です」と即答。「廃盤だけど、halだけで復刻しましょう」と言ってくださり、取引がはじまりました。

　私は手ぬぐいが大好きで、いつもバッグに2枚（心配性なので）入れています。パンとのばして干せば、ノーアイロンで持って行けるのがラクなのです。大きいので、手を拭いたあと濡れた部分を内側にして折りたためば、バッグの中が湿気ません。食事のときに膝の上に広げたり、半分に切っておしぼりにしたり、いろんな使い方ができて、いいことずくめです。

66

「シャンブレー 折傘」16000円。水色の他、グレー、ベージュもあり。

使い勝手がいい、晴雨兼用の折りたたみ傘

●松野屋の折りたたみ傘

　太陽大好きって言いたいけれど、紫外線アレルギーだから、日傘とサングラスは欠かせません。日傘は夜になると邪魔になるから、バッグに入れて持ち歩ける折りたたみが便利です。私が3年ほど前から使っているのは、生活道具を扱う荒物問屋「松野屋」のオリジナル折りたたみ傘です。傘職人が1本ずつ丁寧に作っていて、つくりがしっかりしているから、風が吹いても大丈夫。晴雨兼用だから日差しを防ぐだけでなく、突然の夕立がきても安心です。天気予報を気にせずに出かけられるのがうれしい。折りたたみ傘はサイズが小さめのものが多いけれど、これは径が大きいから土砂降りでも肩が濡れず、ホールド感があります。良い傘をそろえようと思ったとき、日傘と雨傘を2本買うと高くなってしまいますが、1本で2ついしいからお得です。

67

このピアス、ほぼ毎日つけています

「Drop Pearl Piercing」22500円。

● shuo'（シュオ）のピアス

　shuo'は、アクセサリーデザイナーの星芽生（ほしめおみ）さんと、ライターの吉田直子さんが立ち上げた冠婚葬祭のための小物ブランド。アクセサリーはかしこまりすぎず、普段使いもできます。shuo'のピアスをつけていたら、会う人会う人に褒められ、調子に乗って毎日つけるように。小粒のパールとビーズが、ゴールドのチェーンに編み込んであり、ゆらゆらと揺れる系ではなく、くるんと垂れる感じのデザインが好きなんです。

　私は新規開拓をするのが苦手。shuo'も展示会で見たとき、自分から積極的に声をかけられませんでした。すると偶然、高校時代の友人とバッタリ再会。shuo'と知り合いだと言うから、紹介してもらうことに。あのとき友人に会っていなければ、お付き合いがはじまっていなかったかもと思うと、ご縁って不思議です。

68

ご縁で出会った
ビーズアクセサリー

シキヤリエ cnr by chahat「ネックレス」6400円、「ピアス」3600円。

● chahat（チャハット）のアクセサリー

　18歳の頃から知っている親戚みたいな友だち、根本きこさんが、神奈川県・逗子でカフェ「coya」を営んでいたとき、カフェの奥で「oku」という雑貨屋もしていて、そこではじめてchahatのビーズネックレスと出会いました。きこちゃんから勧められてご縁をつないでもらい、halでも取り扱うことになったのです。

　chahatは逗子、鎌倉、沖縄にお店があり、インドやネパールの雑貨、インド綿、レザーバッグなどを販売しています。アクセサリーはすべて、chahatで働くシキヤリエさんによる手作りです。世界各国を旅して集めたアンティークビーズ、シルバー、真鍮などを使い、ネックレスやブレスレット、指輪やピアスなどを作り、いろんな場所で展覧会をしています。どれも上品でシンプルなデザイン。さりげなくポイントになり、重宝します。

69

ブラック、キャメル、ダークブラウンの3色、各18500円。黒は私物。

抜群に使いやすい長財布

● CINQ（サンク）の長財布

　東京・吉祥寺にある雑貨店「CINQ」の保里享子さんは、私が東京で働いていた頃に知り合った古い友人。北欧雑貨を中心としたセレクトの他、オリジナル商品も作っています。中でも断トツに良いのが長財布。私は4年ほど前から愛用しています。イタリアの牛革を使っていて、表面にシワ加工を施して凹凸があるから、細かい傷がついても目立たない。ポケットがたくさんあって収納にも困らず、快適です。使い込むうちに、どんどんツヤが出て、育てる楽しみもあります。

　お財布は長く使っていると、嫌な気を宿してお金が貯まりにくくなるという話を聞きました。高級なお財布だと定期的に新調するのは難しいけれど、このお財布は買いやすい値段なので、気軽に買い替えができます。次も今と同じ黒にするか、色違いにするか検討中です。

70

「2019年カレンダー花と果実」1800円。12枚入りポストカードもあり。

飾りたくなる
カレンダー

●椿野恵里子さんのカレンダー

　我が家のリビングに飾っているカレンダーは、お花の写真家の椿野恵里子さんのものです。椿野さんから、あるとき「カレンダーを作るんだけど」という話を聞き、見たらすごく良くて、halでも販売させてもらうことにしました。もともと友人でしたが、昨年出版した書籍ではカメラマンとしてご一緒し、かっこいい仕事姿に惚れ惚れしました。

　カレンダーは2000年から制作していて、今年で20周年。毎年テーマがあり、花や果実、器などを題材にした写真とともに、エッセイが添えられています。ぺらんとした薄さでかさばらず、インテリアの邪魔をしません。シンプルなデザインで、飾るだけで絵になる。月ごとにバラになっていて、3枚くらいずつピンで刺しています。カレンダーと同じ写真を使ったポストカードも素敵です。

85

71

足になじむ、疲れない靴

● DANSKO（ダンスコ）の靴

　出かけるときも、お店に立つときも、いつも履いているのが、アメリカ生まれのシューズブランド「ダンスコ」の靴。どんな服にも合うし、長時間、履いていても疲れません。かかとが少し高いから、身長153cmの私が158cmの目線になれるのがうれしい。足や腰への負担を軽減するように考えられたデザインで、土踏まずに当たる部分が盛り上がっているので、ツボが押されて気持ちいいんです。履いているうちに足の形になじみ、よりフィットしていきます。濡れても底に水がしみこまないから、雨の日でも安心。私はスタンダードな「プロフェッショナル」の茶色、白、エナメルと、かかとがない「イングリッド」の茶色の、計4足持っています。

　ダンスコを日本に紹介したのは「ダンスコ日本総輸入元」の荒井博子さん。服飾ディレクターの岡本敬子さんに紹介していただき、halで何度かフェアをしてもらったことがありました。そのとき私が履いていたダンスコの靴が売れていたからと、halで取り扱いできることに。荒井夫妻とは歳も近く、おいしいラーメン屋さんに連れて行ってくれたりして、取引先の関係を超えて仲良くさせてもらっています。

「イングリッド」(アンティーク ブラウン オイルド)
24000円。halではサイズ36〜39を取り扱い。

72 背のびをせず、自分に正直に

ユニクロのメンズの長袖Vネックニット。私はSサイズを着ています。色違いで3色購入。(すべて私物)

　私は世間のトレンドより、周りに影響されることが多いです。ユニクロのメンズのニットも友人から教えてもらい、買いに行きました。形がゆったりしているから、お腹まわりが目立たず、Vが浅くてインナーなしで1枚で着られます。思いのほか着まわしがきくし、3000円弱だから良い買い物でした。ニットはハンガーで干すと伸びるし、平干しネットもないので、長持ちさせるために、全部クリーニングに出すようにしています。

　若い頃は見栄えやブランドを気にして、がんじがらめになったこともあったけれど、歳を重ねるとだんだん鎧が取れ、洋服にお金をかけなくなりました。安くても、体形に合っていて着心地が良ければいい。この歳ともなると見栄を張るのもめんどくさい。フィット感があるものを選び、自分を大きく見せず、正直でいたいと思っています。

73 好きな色はグレー

柄の手ぬぐいは「かまわぬ」、鍋つかみはZakkaで購入したもの。

　白でもなく、黒でもなく、グレーが好きです。チャコールグレー、ライトグレーなどグレーの中でも濃淡がありますが、私はとくに薄いグレーに惹かれます。洋服でもグレーを着ていると目立たないので、私にはちょうどよくて落ち着くのです。何にでも合うし、カジュアルにもフォーマルにも、どちらにも転ぶから応用がきくのが良いところ。バッグやハンカチ、ストールなど、小物も気がつけばグレーばかりになっています。今年買った新車もグレーだし、グレーの延長でシルバーのスニーカーも持っています。

　最近、ピンクや赤といったビビッドな色のものを選ぶようになりました。昔は小物を差し色として明るい色にすることが多かったのですが、歳を重ねるにつれ、だんだん面積が広がってきた感じです。冒険色もグレーを合わせるとまとまるから、安心して着ることができるのです。

74

PEEL&LIFT デザイナー
細谷武司さん
（ほそや　たけし）

「UNDERCOVER」青山本店の店長を経て、2005年にファッションブランド「PEEL&LIFT」を立ち上げる。UKパンクを中心としたカウンターカルチャーを現代的に再構築したコレクションを展開している。

人生のモットーは？

自分らしく

「月並みな言い方ですが、"自分らしくあること"、"自分にしかできないことをする"ということを心がけています。ただ、時にはそれを無理に遵守しようとはせず、ラクに生きようとは思っています」

ごほうび or ときめきアイテムは？

本、レコード

「物欲が湧かなくなったのか、新しく何かを欲しくなるということが歳を重ねるごとに少なくなりました。それでも、今まで趣味で集めた本やレコードは、いつまで経ってもときめきます」

自分らしく暮らすための「ものさし」は？

人と比較しない

「"他人と比較しない"ということをいつも心がけています。子どもは、まだ学校という集団生活の中に身を置いているので、競争という面で少なからず比較があるのも仕方がないかもしれませんが、家人とは自分の子と他の子を比較しないように話し合っています」

細谷さんのA面とB面って？

裏表がない

「単純な性格で、あまり裏表がないと自己診断しているのですが、もしかしたら、そのこと自体がB面なのかもしれません」

10年後のイメージは？

今と同じペースを維持

「10年後というと、少し昔なら定年退職するような年齢になるんですが、今の時代なら普通に仕事は続けているだろうし、子どももまだ小さいので、仕事もプライベートも現在と同じペースが維持できていたらいいなと思っています」

遊びの場で知り合った人。デザイナーとしてのかっこいいA面を持ち、セックス・ピストルズのコレクターとしても有名です。収集するのが好きなところは、すごく男子っぽいなと思います。仮面ライダーのロケ地巡りマニアでもあり、コスチュームを自ら手作りする熱の入れよう。話し方がやさしくて、少年がそのまま大きくなったような純粋さのある人。

《あの人のものさし》

75

ソウルバー店主
宮前伸夫さん

1999年に東京・下北沢で、アナログレコードを聞きながらお酒が楽しめるお店「Little Soul Cafe」をオープン。個人で収集した14000枚ほどのレコードの中から、ソウル、ファンク、ジャズ、ディスコなど現在のクラブミュージックのルーツとなる音楽を中心に、幅広く楽曲を流している。

人生のモットーは？

大体でOK

「仕事でも生活でも、明日は今日より上手くできるようにしたいと一応は考えるものの、頑張ってばかりいると長続きはしないので、大体できていればOKと、かなりの余白をもたせています」

自分らしく暮らすための「ものさし」は？

日々の積み重ねを大切に

「現在の姿や今後進む方向は、過去から連なる日々のほんの小さな積み重ねの結果でしかないという気がしています。時間軸上での点や線を意識しながら、毎日向かい合っていることに疑いを持たず、愛情を持って接するようにしています」

10年ほど前に友人に連れて行ってもらったソウルバー。東京でお泊まりのとき、一人でもぶらっと行きます。音楽を聴きながらお酒が飲める、私のご褒美カウンターです。宮前さんは、たまにしか行かない私の好みを覚えていて、リクエストにも応えてくれます。飄々と淡々としているけれど、熱いものを持っている人。ブログも面白くて、愛読しています。

ごほうび or ときめきアイテムは？

新しい出会い

「聞いたことないレコード、飲んだことのない新しいお酒、生活の中の何気ない出会いのすべてが、ごほうびだなと思います。また面白い人との新たな出会いで刺激を受けて成長できることも、目に見えずとも、ごほうびみたいなもの」

宮前さんのA面とB面って？

音楽とは適度な距離感を

「お客さんからは音楽好きだと思われて当然ですが、実際は、適度な距離感で付き合っています。好きな空間や時間を形作るのに不可欠なパーツのようなもの。そのくらいライトな存在です」

10年後のイメージは？

今と変わらず、お店に立つ

「今と変わらずお店に立っていられたら、そんな幸せなことはないです。小さなお店とはいえ、表現するステージがあることに常に感謝して生きていきたいです」

76

ギタリスト、ヴォーカリスト
山下洋さん

wack wack rhythm band、Freedom Suiteで、ギタリスト兼ヴォーカリストとして活躍。90年代より、'Free Soul' 等のDJとしての活動のほか、プロデュースやコンピレーションCDの選曲、リイシューCDのライナーノーツへの寄稿などを行う、多才なセンスの持ち主。

人生のモットーは？

流されない

「とにかく時代に流されないこと。世の中的にはダサく、古くさいと思われていそうなものでも、自分が好きだと思っているなら、それを貫きます」

自分らしく暮らすための「ものさし」は？

考えすぎない

「意識的に考え過ぎないようにしています。"意識的に"っていうところが明らかに矛盾してはいますが……」

山下さんのA面とB面って？

涙もろい

「じつは、露骨に涙もろいです。歳を重ねれば重ねるほど、そうなってしまいました」

ごほうび or ときめきアイテムは？

- 腕時計。60〜70年代の国産で自動巻き
- 80年代頃のモデルの普通のスニーカー
- シンプルなローファーやスリップ・オン・シューズ。自分が高校生の頃、履いてたようなIVYなやつ
- 食べたことのない国の料理

10年後のイメージは？

歳相応に楽しむ

「まあ、歳相応で。若ぶったりしていたくはありませんね。あくまでも自然に楽しんでいたいです」

私が東京の「ファーマーズテーブル」で働いていたときに近くの無印良品で働いていて、30年来の友だちです。バンドやDJとA面は華々しいけれど、昔のドラマに詳しかったり、お店のBGMを「これ、なんだっけ？」と聞くと、パッと答えてくれたりします。歳を重ねるにつれ、おばちゃん化する山下さんと、おじさん化する私。もはや親戚のようです。

77

《あの人のものさし》

ミュージシャン
YO-KING さん

1989年大学在学中、真心ブラザーズを結成、同年9月にメジャー・デビュー。2014年に25周年を迎え、自身のレーベルDo Thing Recordings を設立。2019年にデビュー30周年を迎え、初のセルフ・カバー・アルバムのリリースや、記念ライブ・ツアーの開催等、精力的に活動中。

人生のモットーは？

楽しく生きる
覚悟を持つこと

自分らしく暮らすための「ものさし」は？

すんなりいくかどうか

ごほうび or ときめきアイテムは？

お風呂とマッサージ

YO-KINGさんのA面とB面って？

- まとも
- 普通
- 舐められても気にならない

10年後のイメージは？

今のまま、
もっと幸せになっていたい

洋楽ばかり聴いていた私が、忌野清志郎さんのトリビュートライブで初めて見たときから、ドキドキが止まらなくなって早6年。これまでに約60本のライブを観た一番好きなアーティスト。理屈じゃなく、ライブがかっこいい。同時代に生きていて、ライブを観られるというのはとても贅沢なこと。存在してくれるだけでありがとうという気持ちです。

78

左上から時計回りに、「デザートフォーク」1200円、「ラテスプーン」1200円、「スープスプーン」1350円、「デザートスプーン」1200円。

重さも厚みもほど良いカトラリー

● **KAY BOJESEN**（カイ・ボイスン）**のカトラリー**

　我が家は和食中心で、カトラリーを使うのは、カレーやオムライス、パスタやケーキを食べるときくらい。使用頻度が少ない中で選んだのが、カイ・ボイスンです。デンマーク王室ご用達の北欧のカトラリーで、私は友人から勧められて使うようになりました。重量感も厚みも、全部がほど良い。海外用だからディナースプーンは少し大きく、私と子どもはデザートスプーンでカレーを食べます。バターナイフはパンに塗りやすく、継ぎ目がないから洗いやすい。柄が長いラテスプーンは、大きなパックに入ったヨーグルトをすくうときに活躍しています。

　カトラリーは意外と買い替えるタイミングがないような気がします。だからこそ、最初が肝心。新生活や結婚祝いに、ぜひ贈ってほしいアイテムです。

79

「中判カシミヤストール」。左から、ロイヤルスチュワート、ライトグレー。各35000円。

大人だから、良いカシミヤを

● **Johnstons**（ジョンストンズ）のカシミヤストール

　カシミヤは、ちょっと値段が張るけれど、長く使える一生もの。いい大人なので、そろそろ良いカシミヤを持とうと思って買ったのが、スコットランドの老舗ニットブランド「ジョンストンズ」のストールです。軽くて暖かく、ふんわり柔らかくて気持ちいい。この贅沢を知ってしまうと、もうウールには戻れなくなってしまいます。長さもちょうどよくて巻きやすいから、赤いタータンチェック、ドレスゴードンなどチェック柄の他、無地のグレーや白も持っています。

　カシミヤの敵、虫食いから守るため、密閉できるプラスチックの衣装ケースを買ってきて、カシミヤ専用ボックスに。使わないシーズンは、このボックスにクローゼット用防虫剤と一緒に入れ、完全抗菌にして大切に保管しています。

「ポーチ」各3000円。外見は同じですが、裏地の布は1つずつ違います。

布合わせのセンスが光る
ポーチ

●**西館美奈さんのポーチ**

　西館美奈さんとは東京で働いていた頃に知り合い、30年来の付き合いです。halをはじめて fog linen work に仕入れに行ったら、そこで働いていた西館さんに10年ぶりに再会。fogを辞めたあと、布もの作家として活動すると聞き、halでも置かせてもらうことにしたのです。

　部屋着やハンカチ、バッグなど、どれもおしゃれで、かわいい。色の合わせ方が素敵で、布選びの段階からセンスが光っています。縫製もとても上手できれい。西館さんのポーチは、パッチワークみたいに3種の布を縫い合わせてあり、ちらりと見える裏地もギンガムチェックやストライプの布で、気が利いています。私はこまごまと荷物が多いから小分けするのに、このポーチをいつもバッグに入れています。リネンだから、気楽に洗濯機で洗えちゃうのも良いんです。

「メルカドバッグ ロンボ M 」(ショッキングピンク) 6800円。

メキシコのかごバッグは、軽くて丈夫

● **Letra**(レトラ)のメルカドバッグ

　書籍の取材で靴磨きを習いに行った靴屋さんから「後藤さんの好きそうなかごバッグを扱っている会社があるので、良かったら紹介します」とメールをもらいました。会社のホームページを見たら、個人的に使っていたバッグ。1回会っただけなのに見抜く力にびっくり。面白いご縁で取引がはじまり、感謝です。
　「メルカドバッグ」と呼ばれる、メキシコでマルシェバッグとして使われているもので、お花柄が有名ですが、仕入れたのは無地。ダークネスな色が中心で、冒険色として赤やショッキングピンクを選びました。細かく編み込まれ、持ち手と本体がつながっているので持ち手だけすぽっと抜けることがない。軽くて丈夫で水にも強く、A4が入る大きさだから重宝します。私はなで肩なので、手に引っ掛けて持てるところも好きです。

82 コンプレックスの塊

　取材で「コンプレックスをあげてください」と言われ、30個くらい出したことがあります。逆に「自分の良いところは？」と聞かれたら、2個くらいしか思いつきませんでした。そのくらい私は、コンプレックスが多いです。

　中高生の頃は、くせ毛に悩んでいました。髪の毛が直毛でサラサラな人がうらやましかった。自分の声も嫌いです。高くてアニメ声なので、低い声で落ち着いて話す人に憧れます。人からはなぜか声を褒められることが多いのですが、褒められても有頂天になれません。身長が低い、手足が短いなど、体形の悩みもたくさんあります。その分、体形をカバーするための服選びが上手になりました。今まで自分がしてきた工夫は、fog linen workとコラボレーションしたワンピース作りに生かすことができたので、コンプレックスも役に立って良かったなと思っています。

83 SOSに気づける人に

　ある日、halの常連さんから、お子さんのことで悩んでいるという話を伺いました。「娘のSOSに気づけて良かったです」という言葉を聞き、果たして自分は、家族や友だちのSOSにちゃんと気づけているだろうか、話しやすい付き合いはできているかしら、と考えてしまいました。

　世の中には、行く先々で人生相談する人、腹を割って話せる人だけに悩みを打ち明ける人、誰にも言えず自問自答を繰り返す人、いろいろな人がいます。吐き出せる人はいいけれど、何も言わない人が心配です。私は少しお節介なところがあり、SNSでしばらく投稿がないと、気になって「最近どう？」と連絡しちゃいます。何もないときもあるけれど、「じつは具合が悪くて」などと返ってくることも。話せて気がラクになったと言われると連絡して良かったと思います。人の痛みがわかる人間になりたいです。

外食は定食派

外食するときは、麺類や丼ものなどの1品料理ではなく、定食を頼みます。食い意地が張っているから、ワンプレートでどーんより、野菜や小鉢、汁ものなど、ちょこちょこ、いろんなものを食べたいのです。洋食屋さんならオムライスじゃなくてハンバーグ定食、中華屋さんでもラーメンじゃなくて定食。とくに日替わり定食が好きで、トンカツ屋さんでもトンカツ定食じゃなくて日替わりを選びます。

家でご飯を作るときも、メインおかずと副菜が1～2品、ご飯、汁ものと定食スタイルが基本。1皿で済ませることはほとんどなく、パスタのときは2種類にしてサラダも作るし、オムライスのときは2品くらいおかずがあったりします。1回の食事で、より多くの素材を食べたいから、たとえば、しょうが焼きだったら豚肉だけで作ることはなく、玉ねぎやきのこを一緒に炒めています。強欲ですね。

85

いつおろそうと思いながらも、まだ履いていない紺色のエナメル靴。

暦をチェック

私は古くさいところがあり、新しい靴をおろすときや、お祝いを差し上げるときなど、つい暦をチェックしてしまいます。最高の吉日と言われる「天赦日」や、1粒の種子を巻けば万倍になって実るという「一粒万倍日」は、何かをはじめるのに良いとされています。用意周到な友だちは、財布を新調するとき、この暦の日とゴールを決め、おろすまでの工程をすべて実行していて、びっくりしちゃいます。そこまでは面倒くさくてできないけれど、せっかくだから縁起のいい日にと思うのです。

今年の春、50歳にして生まれてはじめて車を買いました。今まで乗っていた車はもらいものだったので、ついに本当のマイカーです。納車の日取りも、もちろん暦を調べて決めました。仏滅だからといって気にしないけれど、大安だと今日はいい日だなと思う。気の持ちようですが、ちょっとうれしくなるのです。

86

《あの人のものさし》

中野明海さん
ヘア＆メイクアップアーティスト

1961年生まれ。1985年よりフリーのヘア＆メイクアップアーティストになり、数多くの女優やミュージシャンを担当。雑誌、広告、映像でのヘアメイクをはじめ、コスメや美容ツールの開発など幅広い分野で活躍。著書に『中野明海 大人の赤ちゃん肌メイク』(扶桑社)、『中野明海 可愛い大人の美容塾』(宝島社)。今年5月に初の料理本『美しい人は食べる！』(主婦と生活社)を出版。

　中野明海さんは、読者としてお仕事ぶりを拝見していて、ずっとお会いしてみたかった人です。昨年、アートディレクターの信藤三雄さんの展示を見に行きました。信藤さんは、数々のミュージシャンのCDジャケットなどを手がけていて、中野さんがヘアメイクで携わった仕事もたくさんあり、印象に残った展示でした。中野さんは、美容やファッションの世界だけじゃなくて、サブカルチャーにからんでいるのが、他のヘアメイクの方にはない面白いところだと思います。同じサブカル好きとして、感覚的なところで通じ合えたり、共有できるものがあるのではないかと、勝手にシンパシーを感じていたのです。実際にお話ししてみると、自然体で、とても控えめで、かわいい。私もこうありたいなと思いました。

「いつも楽しいことだらけ。
退屈だと思ったことがない」

　子どもの頃からお化粧に興味があったという中野さん。メイク、ファッション、音楽、アートが好きで、その隙間に入れたら、どこでも良かったと言います。レコード会社で働いていたとき、映像作家の中野裕之さんと出会い、結婚。夫の仕事現場で、大ファンだったヘア＆メイクアップアーティスト、渡辺サブロオさんに会ったのが人生の転機でした。「ヘアメイクになりたかったんです」と過去形で伝えると「これからいくらでもできるよ」と言われ、学校に習いに来るよう誘われます。卒業後、サブロオさんに一人でやってみなさいと勧められ、自己流ではじめることに。「ダメだったら次はないけれど、面白いと思われたら絶対に次が来るからって言われて。なんてわかりやすい世界なんだろうと思いました。いつか終わっちゃうんだろうなと思っていたのに、長く仕事をいただけて、毎日感謝です。仕事は大変でも楽しいことだらけ。退屈だと思ったことがない人生で、良かったなと思います」

「全部試したら、
自分に合うものがわかる」

　中野さんは探究心が強くて、研究熱心。全部試してみてから、自分に合うものを選んでいます。「服が似合わないんです。服殺しって言われています（笑）」という意外な言葉。いろんな服を試着しては、似合わないから断念するというのをくり返し、自分に似合う服を選ぶのが上手になったそう。ベージュや、開襟のものは似合わないから着ない。色はネイビー、モスグリーン、黒など濃い色を選択。「最初から黒でいいのっていう守りの黒じゃなくて、私の場合は研究に研究を重ねた結果だから、前向きな黒です」

　お顔は、そばかすだらけ、シミだらけと言うから、びっくりです。そばかすを出してみるのも、やってみたけれど、自分の顔立ちに合わないから隠すことにしたそう。「あらゆるコンシーラーを使ってみたから、日本一詳しいと思う。自慢できるくらいです（笑）」

103

気になること、聞いてみました

大切にしている人生のルールは？

- ちゃんと食べる
- ちゃんと眠る
- いただきます、
  ごちそうさまを言う
- 毎日起こっていることに
  感謝する
- 無理はしない
- 自分の仕事は責任を持つ
- まわりの人に喜んでもらう

生活からはずれた、変わったことはしません

ルールを聞くと、「食べる、寝る、挨拶をするとか、子どもに教えているような基本的なことくらいしか思いつかない」と言って、あげてくださいました。
"無理はしない"とは、フィジカルな面で。
「わりとマヌケなので、生活からはずれた変わったことはしないようにしています。転んだり、筋肉痛でしばらくしんどかったりするから。妄想では、空を飛んだり、走ったり自由にできる。頭の中で変わったことを考えているから、それで十分です」
いろいろな人が関わっている仕事だけれど、自分が任されたパートは最後まで責任を持つ。自分にしかできないことを、やりたいと言います。
「自己満足は良くないと。表現したもので皆さんに喜んでいただけたらいいなと思っています」

中野さんのＡ面とＢ面って？

常にON。テンションは変わりません

「何がＡ面でＢ面なのか、自分ではわからない」と中野さん。起きてから寝るまで、テンションが変わらないのだそう。ONとOFFも意識したことがなく、常にONだというからすごい。息抜きはどうしているか訊ねると、「移動中のタクシーは素晴らしい時間。窓を開けて空気の匂いや風を感じたり、空を見たり、一番色々アイデアが湧きます」とのこと。

悩んだり、落ち込んだりするときもあるけれど、日々忙しいから浸っている暇がない。過去の嫌なことを、わざわざ蒸し返すことはしないと言います。喧嘩は夫以外としたことがないそうです。
「喧嘩するくらいなら、私が悪かったと、すっと引いて自分の世界に入っちゃう。グイグイ行くように見えるかもしれないけど、あまり前には出たくないんです」

ときめきアイテムを教えてください

プロデュースした
タオル & コンタクトレンズ

昨年の秋、今治タオルコラボプロジェクトの第一弾として発売した「肌と髪にとことんやさしいタオル」。子どもの頃からのタオル好きが高じて声をかけられたそう。4社と組み、それぞれ手触りが違います。どれも吸水性抜群。色は白と、汚れが目立たないアッシュピンクとグレー。サイズは3種。フリンジつきは見た目もかわいい。同時期に発売したキャッチライトレンズ「OvE（オヴィ）」は全5種。瞳がウルウルしたり、キラキラしたりするそう。「こんなものがあれば楽しいのに」という中野さんの想いが形になりました。

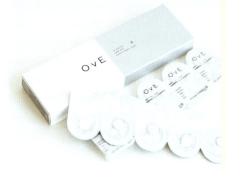

10年後のイメージは？

ビジョンはない。
毎日がクライマックス

「昔から、こんなふうになりたいという先のビジョンはないんです」と言う中野さん。〇〇歳まではやっていないでしょうと思いながら、ここまでやってきたから、この先、何歳まで仕事を続けるかは、あまり考えていないそうです。
「努力でどうにかなるものじゃないし、神様が決めることだから、悩んでも仕方ない。10年後は、生きていますかねという年齢に差しかかってきたので、元気だといいなと思います。健康が買えるなら、買いたいくらいです」
子どもが学校に行くときは、もし事故や震災が起こったら会えないかもしれないから「行ってらっしゃーい！」と大袈裟なくらい叫んで、見送っていたそう。
「毎日がクライマックス。今日が人生の最後の日だと思って生きています（笑）」

87

「リラックスコットンパンツ」9800円、「リラックスコットンレーストップス」17000円、「アイマスク」3400円。

良いパジャマで、質のいい睡眠を

● nanadecor（ナナデコール）のパジャマ

　オーガニックコットンブランド「ナナデコール」の神田恵実さんに書籍の取材でお話を伺い、睡眠に対する意識がガラリと変わりました。パジャマは人に見せるものじゃないから適当なもので済ませがちですが、「着古したものを着ていると、使い古した女になります」という言葉にガツンと衝撃を受けました。質のいい睡眠には、その日あった良いことだけを残して嫌なことを記憶から排除する力があり、精神の安定や、すべての健康につながるのだそう。そんなに大事な睡眠の時間を、おざなりにしてはいけないですよね。神田さんに「寝る時間くらい贅沢してもいいのよ」と言われ、オーガニックコットンのパジャマを購入。少し高価に思えるけれど、日割りに換算したら安いものです。触れるだけで気持ち良く、疲れを癒してくれます。パジャマを替え、ちゃんと寝ることを意識したら、体力が持つようになったり、くよくよすることが少なくなってきた気がします。女性ホルモンを分泌させるためにも、本当はフリルや花柄、ピンクのものが良いらしいのですが、普段からさっぱりめの私には、まだハードルが高い。いつかピンクのパジャマを着ることができるかしら。

88

上から、「ハンドタオル」1800円、「フェイスタオル」2800円、「バスタオル」8000円。

心がほぐれる、
オーガニックコットンのタオル

● evam eva（エヴァム エヴァ）のタオル
　evam eva は山梨県にある老舗のニットメーカー。hal では洋服も扱っていますが、タオルは展示会のたびに注文しています。オーガニックコットン100％で、柔らかくてボリュームのある、ふわふわタイプのタオルです。洗濯しても風合いが変わらないから長く使えます。朝、顔を洗って、このタオルに顔を包まれると、ホワーッと心がほぐれる。パジャマもそうですが、肌に触れるものは良いものを選ぶと癒されて体にいい気がします。
　タオルは消耗品だから、お金をなかなかかけにくいけれど、もらって困ることはないから贈り物にぴったりです。バスタオルは箱入りで売っていて、バスタオルとしてだけでなく、赤ちゃんのおくるみ代わりに使ってもいいし、車に置いておいてひざ掛けにしたり、ちょっと横になるときの肌掛けにしたりできます。

89

「Vann Vesi Vand WATER for washing」1500円。

一家に1本、便利な電解水

● SyuRo（シュロ）の電解水

　SyuRoは、東京・鳥越にある生活日用品店。デザイン、プロデュースを務める宇南山加子さんは、町工場を上手に活用してオリジナル商品を作っています。お店も作るものも、シックでかっこいいけれど、本人はおっとりしていて面白くて、そのギャップも魅力的です。

　宇南山さんがデザイン、プロデュースするスキンケアシリーズ「Vann Vesi Vand（ヴァン ヴェシ ヴァンド）」から生まれた電解水は、洗浄、除菌、消臭に使える優れもの。ベースが水だから無色無臭。安全で、野菜や果物を洗っても大丈夫。冷蔵庫やレンジの中などを拭いたり、まな板やふきんの除菌をしたり、洋服のシミを取ったり、用途がたくさんあります。消臭効果があるから、halでは開店前にシュッとひと吹き。とにかく万能で、すごい商品だなと思います。

更年期障害のこと

人によって差があると思いますが、私が更年期障害かなと思いはじめたのは47〜48歳から。電車に乗っていると汗をダラダラかく、体の芯に力が入らない、集中力ややる気がなくなる、朝起きるのがつらくなるなど、徐々に体に変化があらわれました。

もともとの性格によって症状の出方が違うようで、イライラしてヒステリックに人を攻撃してしまう人もいるけれど、私の場合は内に向かうタイプ。排卵日の頃になると、とにかくメンタルがどーんと落ちてしまって、どうでもいいことで落ち込んだり、泣いたりしてしまうのです。最初は原因がわからないから、なんだろうと思っていたのですが、更年期障害なんだとわかってからは気がラクになりました。更年期だから不調なのはしょうがないと開き直る。つらいときは、無理をしないで、好きなことだけをして過ごすようにしています。

91

女磨きがしたい

　育児期間中は自分の時間がなく、美容院に行く1時間だけが唯一の自由時間でした。シャンプーをして髪を切って乾かしてもらう。それだけでリフレッシュできたのです。人に何かしてもらうのは気持ち良くて癒されます。子どもが自立して自分のために時間が使えるようになり、今興味があるのは、美容や健康です。

　時間が空いたら骨盤矯正に行ったり、歯科検診に行って歯石を取ってもらったり、友人にお勧めを聞いてヘッドスパやリンパマッサージに行ったり、ご褒美タイムを多めにしています。運動は、雑誌の企画で習ったストレッチを家で継続中。モチベーションを上げるためピンクのヨガマットを買い、お風呂上がりにやっています。「コリネットリンプ」というツボ押しも購入。テレビを見ながら顔のリンパを流し、旅先にも持って行って新幹線で腕のコリをほぐしたりしています。

92

化粧水が浸透する
フェイシャルオイル

「fog ボタニカルフェイシャルオイル」3200円。1〜2滴で結構のびる。

● fog linen work（フォグリネンワーク）のフェイシャルオイル

　関根由美子さんが主宰するfog linen workは、キッチンクロスやベッドリネン、洋服など、オリジナルのリネン製品を制作、販売しています。柄がかわいくて、値段もお手頃。halのオープン当初からずっとお取引をしています。

　最近おすすめなのはフェイシャルオイル。グレープシードオイルをベースに、世界各地から集めたオーガニック精油がブレンドされ、顔だけでなく髪の毛や全身に使えます。ラベルのデザインを手がけた、モデルでイラストレーターの香菜子さんに使い方を聞いたら、お風呂上がりは蒸気で毛穴が開いているからそのまま、朝は蒸しタオルで顔を温めてからオイルを塗ると良いのだそう。そのあと化粧水やクリームを塗ると、オイルが導入液となり、ものすごく浸透するんです。

93

娘の20歳の誕生日に発売した、石鹸とバスソルト

左から、halオリジナル「石鹸」1400円、「バスソルト」400円。

● SAVON de SIESTA（サボンデシエスタ）の石鹸とバスソルト

　肌の弱い娘でも安心して使えるように、天然素材にこだわった石鹸とバスソルトをhalオリジナルで作りました。リクエストに応えてくれたのは、北海道・札幌の工房で、石鹸やスキンケアアイテムを作っているサボンデシエスタさん。イベントで毎年お会いしていて、書籍で札幌のお店を取材したり、出張halをさせてもらったりしたご縁でお願いしました。

　石鹸は保湿効果のあるシアバターを配合し、顔まで洗うことができて、つっぱりません。バスソルトはハーブや柑橘など7種類の精油をブレンドした、心が落ち着く香りです。drop aroundさんによる、シンプルなパッケージデザインも素敵。2018年12月、娘の20歳の誕生日に発売することができて、良い記念になったなと思います。

113

94

《あの人のものさし》

グラフィックデザイナー
サイトヲヒデユキさん

デザイン会社のチーフディレクターを経て、2001年より独立。こだわりの造本に定評があり、書籍やカタログなどのデザインを手がける一方で、自身で企画制作も行っている。2010年より、東京・高円寺で事務所併設のスペース「書肆サイコロ」を主宰。デザイン書や古本、古道具などを取り扱い、スペースではデザインや写真、アート、言葉や印刷物にまつわる展覧会を定期的に開催している。

作品の印象と、本人のゆるいキャラクターのギャップが面白くて、大好きな人です。共通の友人の結婚式の二次会で、それまではご挨拶程度の関係だったにもかかわらず、一緒にカラオケをしちゃいました。いつも穏やかで、喋るときは声が小さいサイトヲさんが、マイクを持つと豹変。声を張り上げて歌い出したのです。一度外に出てイントロで登場からやってくれるサービス精神も最高。ぐっと心をつかまれ、一気に距離が縮まった夜でした。作品がすごく素敵で、私の書籍のデザインもしてもらいました。主宰するギャラリースペース「書肆サイコロ」で開催される展示は毎回、楽しみです。独自のスタイルを確立していて、似た人がいない。仕事を頼んだら何か面白いことをやってくれそうなイメージを持たれるから、いつも人気者なのです。

「古本になったらどうなるかを想像しながら装幀しています」

もともと、本を作ることが好きだったというサイトヲさん。小学生のときは漫画雑誌を分解して作家別にまとめ直し、自分で作った表紙をつけて綴じ直していたそう。その頃には、糸を通して束ねる「和綴じ」ができるようになっていたというから驚きです。

「古本屋で見つけた本で、和綴じや上製本、フランスやドイツなどの外国の綴じ方を見て製本に惹かれたんです。いろんな本を分解してみて、本の設計を研究しました」

最初はデザイン会社に9年ほど勤務。広告代理店の仕事が多く、家にあまり帰れないハードな毎日でした。そんな中、区切りの良い歳にはこうありたいという予想図のようなものがあり、30歳になる10分前に辞表を提出したそう。独立後はファッション系のカタログなどのデザインのかたわら、装幀家として、好きだった本の造本・設計を本格的にはじめます。40歳のときに作ったギャラリースペース「書肆サイコロ」では、独自の本のレーベルを立ち上げ、装幀した本の他、古本や古道具も並べています。漂流物やサビもの、使い古された木のものが好きで、幾何学的な古道具はデザインのインスピレーションにもつながっているとか。

「年を経たものに魅力を感じるんです。だから、本のデザインも、古本になったときにどうなるかを考えて紙や加工を選んだりしています。たとえば、『白磁』という写真集の表紙には箔押しを広い面積に使いました。箔押し部分に爪が当たると傷がついたり、少しずつかすれていく。時間が経つと、ものとしての魅力が増すことを想定したデザインです」

「倉敷意匠アチブランチ」の企画展のために製作。『白磁』は表紙に箔押しを施し、『幾何学』は斜めにカットして2冊を組み合わせた。

『白磁』の撮影は大沼ショージさん。15年間で76点もの作品を一緒に作っている名コンビ。

美しい装幀の作品、古本、古道具など、サイトヲさんの世界が凝縮された店内。

気になること、聞いてみました

大切にしている人生のルールは？

- ため込む前に、発散する
- 朝夕1時間、散歩する
- 仕事は関係性を築きながらゆっくりと向き合う
- 1つ1つ、積み重ねていく

東京と沖縄、2つの拠点があるから気持ちが切り替えられる

ため込む前に、発散するようにしているというサイトヲさん。沖縄にもアトリエがあり、20年近く通っています。沖縄の海に潜ると、いろいろなことがリセットされるそうです。
「東京と沖縄の2拠点あるのは、自分にとって大きいこと。気候も食も違うから、自然と気持ちが切り替わって、良いのかもしれません」
犬を飼いはじめてから朝と夕方に1時間、散歩するのが習慣に。朝の散歩のおかげで、徹夜気味だった仕事を午前中にするようになったとか。本の製作はその人と関係を築きながらゆっくりと作るのだそう。
「本を1年に10冊作れば、10年で100冊になる。取り柄は、ひとつずつ積み重ねていくことしかないと思っています」

サイトヲさんのA面とB面って？

クライアントがいる仕事がA面だとしたら、自分の好きなものを作ることはB面

私にとってのサイトヲさんのB面はカラオケ姿ですが、ご自身では仕事に関するA面とB面があるそう。Aはクライアントから依頼される仕事。依頼者の考えや哲学を形にしていく。Bは自ら企画して他者に働きかける能動的な仕事。流通にのせるとリスクがあって敬遠されがちな加工や、手作業でしかできないことを盛り込みます。これは難しいだろうなという状況に向かい合ったときの方が思わぬアイデアが出ると言います。
「最近はBの仕事を見た人から、Aの仕事の依頼が来るようになりました。ABが混ざりつつあるのは、理想です」

> ときめきアイテムを教えてください

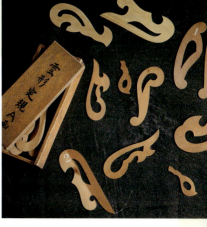

木製定規

サイトヲさんは古い定規が好きで、数え切れないほど持っているのだそう。主に昭和初期に使われていた木製のもので、中にはフランス製も。雲形定規は形がいろいろあり、大きさもそれぞれ違った有機的な美しさがあります。定規コレクションはデザインに活躍。曲線を描くとき、雲形定規のあらゆるカーブを利用しているそうです。
「骨董市などで、長年かけて集めました。見つけると、なぜこんなにうれしいんだろうと思うくらい、気持ちが高揚します」

(上) 1個ではなく、箱入りのセットで売られていることが多い。それぞれ個性が違うのが面白いのだそう。
(下) 雲形定規を使ってデザインした本『地域アート ー美学/制度/日本』(堀之内出版)。

> 10年後のイメージは？

本に夢と憧れを
持って生きていく

30歳で会社を辞めてフリーランスになり、40歳で「書肆サイコロ」をはじめて拠点を作った。年齢の区切りごとに、何か行動を起こしてきたサイトヲさん。現在、49歳。50歳になったら新しいことをはじめようと考えていたそうですが、最近は気持ちが変わってきたと言います。
「複雑になってきた物事を一度整理して、身のまわりの大切なことに向き合いたいと思うようになりました」
装幀を手がけた田中健太郎さんの作品集『the First』は、2019年にドイツの「世界で最も美しい本コンクール」で栄誉賞を受賞。海外でも高く評価されています。
「ある作家さんと、死ぬまで本に夢と憧れを持って作っていこうと誓い合いました。10年後も、1つ1つ大切にものづくりができたら幸せだなと思います」

95 神社仏閣が好き

　神社やお寺が好きです。旅先ではもちろん、地元や東京にいるときも時間を見つけて行っています。地元の三嶋大社、東京の明治神宮、京都の東福寺や銀閣寺など、好きな場所はたくさんあります。御朱印帳は、広島の厳島神社に行ったとき記念に作りました。

　仏像を見るのも好きですが、美しくととのえられた、お庭を見るのが楽しみの1つです。父が盆栽をしていたこともあり、限られたスペースの中で木が風に吹かれていたりするような、侘び寂びを感じる日本らしいものに惹かれます。アウトドア派ではないので、雄大な景色や大自然よりは、整備された公園や町中に流れている小さな川など、こぢんまりとしたものが好みなんです。神社やお寺は空気が厳かで、良い気が流れている感じがします。何をするわけでもなく、ただそこにいて、ぼんやりしているのが気持ちいいのです。

老後に眺めるために、小さい頃に使っていたバッグや服は保管。

育児は手荒いほうです

28歳で長男、30歳で長女を出産しました。2人とも成人し、子育ても一段落です。育児に関しては、人から「荒いね」とよく言われます。小さい頃、わーっと走っていったとき、お母さんが転ばないように止めてあげるけれど、私は追いつかないのもあって、転んじゃってから「大丈夫？」と声をかけていました。石ころがあったらどけてあげる親も多いのに、私はやったことがない。「転ばぬ先の杖」じゃなくて「転べ」という感じです（笑）。転んで痛かったら次から気をつけるだろうし、自分がやられて嫌だと思ったことは人にしないはず。痛みを経験しないと得られないものがあると思っています。息子が大学に行き、東京で一人暮らしをしたときは家賃は払うけれど、生活費は自分でバイトしなさいと言いました。なんでも自分でできるように手は貸しません。温室育ちは良くない。苦労推奨です。

97

子どもたちに伝えたいこと

それぞれの進路を選び、「これから」と希望に満ちあふれていて、
うらやましく思う。
自分でひとつひとつ選択し、より良い人生になるよう願うばかりよ。
私なりに愛情だけはたっぷりかけて一生懸命2人を育ててきたつもり。
まわりの人たちに愛を持って、接することができますように。
人様のお役に立ちますように。
常々話して来たけれど、社会に出れば、
どうしようもないことや、理不尽なことがたくさんある。
そのときは買ってでも苦労はした方がいい。
若いうちなら、なおさらいいと思う。
苦労すると人の痛みがわかるから、その分、人にやさしくなれるよ。
それでもストレスで病気になったら、元も子もないから
心許せる友だちを持ったり、
上手に発散させる自分なりの方法を見つけると良いと思う。
あなたたちの反面教師になれたら、お母さんはそれで十分よ。
人生には良いことと悪いことが、同じ分量で起こるというけれど、
楽しいことやうれしいことが、
ほんのわずかでも多いといいなと願っているわ。
健康第一で、ちゃんと食べて、ちゃんと寝るのよ。

98

　私が若い頃は、三高（高学歴、高収入、高身長）の人を見つけて結婚すれば、「勝ち組」と言われる時代でした。でも、周りを見ると、実際にそうとは限りません。独身の友だちは、海外に行ったり、やりたいことをやったりして楽しく過ごしているし、大企業にお勤めの方の奥さまでも、家の中ではいろいろあったりします。私は結婚をしていますが、結婚＝ゴールではないと思っています。どんな道を進んでも、悩みは誰にでも常にあるものだし、正解は１つじゃないですよね。いろいろな生き方があっていいと思うのです。

　最近、「マウンティング」という言葉をよく聞きます。相手よりも優位に立ちたくて、自分の方が幸せだとアピールするものらしいですが、私にはピンときません。友人たちとご飯を食べているときに「マウンティング大会やろう」という話になり、やってみたら誰一人ちゃんとできなくて、みんなそういう人たちで良かったと思いました。プライドや向上心は自分を高める原動力になることもあるけれど、ねじ曲がってしまうと格好悪いことになるから気をつけたい。そもそも私は負けず嫌いじゃないので、人と比べてうらやましいと思うことはあっても、ひがんだり、妬んだり、悔しく思ったりすることが少ないんです。ダメでなんぼ、いつも負けっぱなし。もともと勝ったためしがないから、勝とうという気持ちがないのかもしれません。

人生は
勝ち負けじゃない

99

いつ人生が終わっても良いと思って生きる

32歳のとき髄膜炎になって即入院になりました。そのとき、明日は何があるかわからないんだなと実感。いつ人生が終わってもいいように、やりたいことをやらなければと思いました。事故にあったりして急に亡くなったら、迷惑がかかるから、40歳の頃にはエンディングノートを作っていました。halの取引先への支払いのこと、喪中ハガキを誰まで送るかなどをまとめて書いてあります。

私は長生き推奨派ではないから、一番良いときに人生が終ったらいいかなと思います。いい映画や、いいライブを観たとき、大好きな人とおいしいものを食べて、たくさん笑ったとき。そんな日の夜に死ぬんだったら、いい人生だったなと思えます。いつ病気になるかわからないし、自由に動けるのは今しかないかもしれない。必ず明日が来るとは限らないから、1日、1日を大事にしたいです。

100

フリーの家政婦になりたい

　私の取り柄と言えるのは、家事くらいだから、halを閉店したら、フリーの家政婦になりたいと密かに思っています。歳をとってからでもはじめられるし、フリーだったら拘束されずに自分のペースでできるところも魅力的。忙しいキャリアウーマンや、お年寄りの方の家に行って、掃除をしたり、ご飯を作ったり、シーツを替えたり……。シェフのような料理は作れないけれど、ザ・実家なご飯なら作れる。お役に立てるなら、なんなりとっていう気持ちです。家事も自己流のやり方しか知らないので、研修で基礎を学びたい欲求もあります。お金をちょうだいするのであれば、満足してもらえるようにプロの技を身につけたいです。

　友人からはよく「スナックをやってよ」と言われていて、それもいいかもしれないと思っています。遅咲きの私の人生、これからどう転がっていくのか楽しみです。

おわりに

　何をするにも、自分中心に考える「自分軸」か、相手を想って行動する「相手軸」か、人によって分かれると思います。私はどちらかというと相手軸。待ち合わせで30分前行動を心がけているのも、待たせるより、待つ側になる方が気持ちに余裕ができるから。どちらが正しいということではなく、ものさしは人の数だけあり、同じ人はいないから面白いです。今回、取材をした方に、A面とB面についてお聞きしました。ついパブリックイメージで、こういう人と決めつけてしまいがちだけれど、話してみないとわからないことがたくさんありました。B面は欠点ではなくて、愛すべき点。完璧な人はいないと思うのです。

　これからの人生は余生のつもりで、欲張らず、日々の生活がつつがなく続けばいいと、のんびり構えています。ライブに行ったり、出張halで出かけたり、たまに気分が上がるお楽しみがあれば十分。穏やかに、健やかに、毎日笑って過ごせれば、あとはそこそこでいい。自分発信がない分、今後も「流れに乗ってやってみる」をモットーに楽しんでいこうと思います。いつも心にあるのは感謝という言葉。人には愛を持って接したいと思っています。

　この本で紹介した100のテーマの中から、何かひとつでも読者の皆さんの心に留まるものがあるとうれしいです。お互い楽しんでいきましょうね。

2019年7月　後藤由紀子

profile

後藤由紀子（ごとう・ゆきこ）

1968年静岡県生まれ。静岡県沼津市の雑貨店「hal」（ハル）
店主。庭師の夫、長男と長女、猫のたまの4人と1匹の家族。
センスのよい暮らしぶりが雑誌などで人気。『50歳からのお
しゃれを探して』（KADOKAWA）、『おとな時間を重ねる　毎日
が楽しくなる50のヒント』（扶桑社）、『毎日続くお母さん仕
事』（大和書房）など、暮らしまわりにまつわる著書多数。
http://hal2003.net

日々のものさし100
2019年9月14日　初版第1刷発行

著者：後藤由紀子

アートディレクション・デザイン：関 宙明（ミスター・ユニバース）
撮影：岩崎美里（p.71を除く）
取材・編集：矢澤純子
プリンティングディレクター：丹下善尚（図書印刷株式会社）
DTP：石川真澄
校正：株式会社 鷗来堂
編集：長谷川卓美

発行人：三芳寛要

発行元：株式会社パイ インターナショナル
〒170-0005 東京都豊島区南大塚2-32-4
TEL 03-3944-3981　FAX 03-5395-4830
sales@pie.co.jp

印刷・製本：図書印刷株式会社

©2019 Yukiko Goto / PIE International
ISBN978-4-7562-5260-9 C0077　Printed in Japan

本書の収録内容の無断転載・複写・複製等を禁じます。
ご注文、乱丁・落丁本の交換等に関するお問い合わせは、小社までご連絡ください。